"直击"成才教育

普通高中育人方式变革实践探索的经与纬

王晓虹 ◎ 著

文汇出版社

目 录

前 言　对普通高中教育的认识与思考 ……………………………… 001
　一、时代发展变化给教育带来的新要求 ……………………………… 002
　二、现代化社会背景下的高中教育变革 ……………………………… 005
　三、教育环境发展带来的办学挑战与策略 …………………………… 007

第一章　"成才教育"的发展轨迹 ……………………………………… 001
　第一节　彰显教育本质："成才教育"的产生与内涵 ………………… 003
　　一、"成才教育"的产生基础 ………………………………………… 003
　　二、"成才教育"的内涵指向 ………………………………………… 004
　第二节　提高发展进阶：成才教育的深化与完善 …………………… 006
　　一、"成才教育"的发展阶段 ………………………………………… 006
　　二、"成才教育"的重点突破 ………………………………………… 007
　第三节　体现办学治理："成才教育"的哲思与定位 ………………… 009
　　一、"成才教育"的教育哲学 ………………………………………… 009
　　二、"成才教育"的办学目标 ………………………………………… 010
　　三、"成才教育"的育人目标 ………………………………………… 011
　第四节　注重创新探索："成才教育"的路径与特色 ………………… 013
　　一、项目驱动，探索性推进"成才教育"发展 ……………………… 013
　　二、课题引领，内涵式完善"成才教育"思想 ……………………… 015
　　三、总结提升，创新化凝练"成才教育"成果 ……………………… 016

第二章 基于"成才教育"的德育实践 ········ 019

第一节 常规创新：塑造学生优良品格 ········ 021
一、专题教育引领正确价值追求 ········ 021
二、行规教育培育良好行为规范 ········ 022
三、心理健康教育促进身心成长 ········ 023

第二节 实践创新，拓宽立德育人途径 ········ 024
一、加强校园文化氛围营造 ········ 024
二、注重社会实践资源开发 ········ 024
三、坚持红色文化基因传承 ········ 025

第三节 维度创新：聚焦学生生涯发展 ········ 027
一、以专题为导向的认知学习 ········ 029
二、以课堂为重点的学科融合 ········ 029
三、以实践为中心的体验活动 ········ 029
四、以个人为主体的辅导机制 ········ 030

第四节 特色创新：打造移动红色书院 ········ 031
一、建立领导小组与实施小组 ········ 031
二、专家研讨论证与完善方案 ········ 032
三、推进线下内容模块的建设 ········ 032
四、进行"红色中国"学科融合课程开发 ········ 032
五、利用校内外场馆建设线下学习空间 ········ 032
六、拓宽线上学习资源空间建设立体网络 ········ 033

第五节 管理创新：完善学生综合评价 ········ 034
一、夯实开放式德育管理 ········ 034
二、完善综合性素质评价 ········ 035

第三章 基于"成才教育"的课程架构 ········ 037

第一节 学校课程基础 ········ 039
一、学校课程建设的优势 ········ 039
二、学校课程建设的梳理 ········ 041

第二节　学校课程理念 ·· 043
　一、学校课程理念的审视 ·· 043
　二、学校课程理念的内涵 ·· 044

第三节　学校课程目标 ·· 045
　一、学校课程目标的依据 ·· 045
　二、学校课程目标的指向 ·· 045

第四节　学校课程框架 ·· 047
　一、国家课程设置 ··· 047
　二、校本课程设置 ··· 049

第五节　学校课程实施 ·· 058
　一、国家课程的校本化实施 ·· 058
　二、校本课程的个性化实施 ·· 060
　三、学科建设的重点化落实 ·· 063

第六节　学校课程保障 ·· 089
　一、组织保障 ·· 089
　二、队伍保障 ·· 089
　三、制度保障 ·· 089
　四、经费保障 ·· 091

第四章　基于"成才教育"的教学智慧 ··· 093

第一节　"三问"教学法的内涵 ·· 095
　一、"一问"：学情与目标 ·· 095
　二、"二问"：内容和方法 ·· 099
　三、"三问"：反馈与评价 ·· 102

第二节　"三问"教学法的实践 ·· 106
　一、层级培训助力"三问"教学法有效落地 ·· 106
　二、科学管理确保"三问"教学法精准实施 ·· 107
　三、校本教研推动"三问"教学法高效落实 ·· 108

第五章　基于"成才教育"的教师发展 ············· 113

第一节　做好教师职业发展的顶层设计 ············· 115
一、明确教师修身习能的具体要求 ············· 115
二、制订各级教师的发展规划 ············· 116

第二节　筑高教师素养提升的各类平台 ············· 119
一、"修身""习能",全员成长 ············· 119
二、复合转型,特色发展 ············· 121
三、"寓研于教",激活内驱 ············· 121

第三节　落实教师层级进阶的校本举措 ············· 125
层级进阶,优化教师梯队建设 ············· 125

第四节　做好教师专业发展评估工作 ············· 135
一、榜样激励,完善评优制度 ············· 135
二、综合多元,完善评价途径 ············· 136

第六章　基于"成才教育"的评价探索 ············· 137

第一节　学生学分累进评价 ············· 139
一、综合化的学生学分累进评价 ············· 139
二、进阶式的学生学分发展评价 ············· 140

第二节　教师循证进阶评价 ············· 143
一、教师评价的多元循证机制 ············· 143
二、教师评价体系的进阶发展 ············· 151

第三节　课程双线螺旋评价 ············· 152
一、课程评价的双线性结构 ············· 152
二、课程评价的螺旋发展 ············· 155

第七章　基于"成才教育"的科研发力 ············· 157

第一节　准确教育科研的目标定位 ············· 159
一、坚持为教育教学质量的提升服务 ············· 159
二、坚持为教师专业化发展服务 ············· 160

三、坚持为教育改革的推动服务 ……………………………………… 160
第二节　优化教育科研的工作策略 …………………………………………… 161
　　一、关注前沿信息,课题研究凸显形势需要 ………………………… 161
　　二、关注学校实际,课题研究服务师生成长 ………………………… 162
　　三、关注成果转化,课题研究推动学校发展 ………………………… 163
第三节　完善教育科研的保障措施 …………………………………………… 165
　　一、注重科研氛围的营造 ……………………………………………… 165
　　二、注重工作机制的构建 ……………………………………………… 166
　　三、注重科研能力的提升 ……………………………………………… 166

第八章　基于"成才教育"的办学展望 …………………………… 169

第一节　擦亮"成才教育"的品牌成色 ……………………………………… 171
　　一、"成才教育"体现时代高度 ………………………………………… 171
　　二、"成才教育"提升办学厚度 ………………………………………… 172
　　三、"成才教育"提高课程效度 ………………………………………… 173
第二节　提升"成才教育"的奠基价值 ……………………………………… 175
　　一、加快学生从"自然人"向"社会人"的转变 ……………………… 175
　　二、加快学生从"广义"成才向"多元"成才的转型 ………………… 176
　　三、加快学生从"成才"向成就"幸福"的转化 ……………………… 178
第三节　壮大"成才教育"的师资水准 ……………………………………… 180
　　一、加强完成立德树人根本任务的自觉和功能储备 ………………… 180
　　二、形成有效持续的教师培养助推机制和学术风范 ………………… 181
第四节　营造"成才教育"的良好生态 ……………………………………… 183
　　一、建立家校社一体的育人共同体建设 ……………………………… 183
　　二、构建教育元素和育人要素融合的智慧教育生态系统 …………… 184
第五节　研制"成才教育"文化方略 ………………………………………… 186
　　一、系统梳理和凝练"成才教育"思想体系 ………………………… 186
　　二、形成系统化和结构化的"成才教育"文化文本 ………………… 187

后记 ……………………………………………………………………………… 189

前　言
对普通高中教育的认识与思考

从事教育工作数十年，作为长期在普通高中一线的教育工作者、管理者，我时时感受到，来自社会发展的特征、趋势和环境变化正在不断对中学教育提出新的要求，同时也给学校、教师的教书育人带来了新的挑战。这些要求和挑战正成为普通高中在不断发展中日益革新的原动力。

中华人民共和国成立以来，高中教育便一直承担着培养德智体美劳全面发展的社会主义建设者和接班人的重要任务，为党和国家培养出一代代具有共产主义理想信念，胸怀强烈家国情怀和责任担当，展现良好精神风貌，拥有能够适应未来社会生存、推动未来社会发展的综合素养的基础人才。然而，随着世界格局的变化及我国社会主义发展不同阶段的历史使命变革，高中教育在人才培养的理念、目标和举措上也经历了一次次探索和创新。这些探索和创新的成功，既是践行党和国家教育方针的结晶，也离不开教育工作者的实践与付出。

数十年来，上海市第六十中学历经一代代学校领导和教师团队的努力，以"成才教育"思想为引领，在育人理念和办学方略等方面持续探索，取得了一些成果。作为亲历者之一，我将学校在教育变革背景下的探索历程与办学成效予以归纳整理，并以成书的形式将其提炼总结。这不仅是对我多年来积极投身教育事业所怀有的理想情怀、确立的理念目标和经历的研究实践的一种总结，而且我希望我的思考、研究与实践能对一线高中教育发展产生一些积极的影响。因此，通过整理这些宝贵的教育改革实践经验，梳理来自一线教师的真实探索成果，以期为当下与未来的普通高中育人方式变革和课程教学改革提供有价值的参考经验，成为我撰写本书时最为质朴的动力与初心。

一、时代发展变化给教育带来的新要求

教育,是时代的产物,什么样的时代就会催生什么样的教育。

时代发展变化,既为教育发展提供了背景和遵循,也为教育主动适应时代发展提出了标准和要求。

时代发展的任何一个趋势和征候,必然会在教育中留下烙印。而教育的发展,必须与时代发展同行。充分认识时代及其发展变化,是做一个清醒的教育工作者的前提。

1. 时代特征呈现对教育变化的客观描述

时代特征,是教育发展的风向标。

按常识理解,时代特征是指在某一历史时期内,社会、政治、经济、文化等各方面的发展状况和变化趋势。时代特征的变化对教育变化产生的深刻影响是不言而喻的。

当今时代,是一个思想观念、思维触角全新的时代,也是以科学技术飞速发展为主要特征的时代。具体说来,有以下一些基本特征:

全球化时代:全球化的发展使得国际联系越来越紧密,同时国际竞争也越来越激烈。在教育领域,全球化意味着教育的国际化和多元化,需要学生具备更加广泛的知识和技能,具备跨文化交流和合作的能力。

知识经济时代:知识经济的发展使得知识成为生产力的重要因素,对教育提出了更高的要求。教育需要注重学生的创新能力和实践能力,培养学生成为具有创新精神和实践能力的人才,以适应知识经济的发展需要。

多元文化时代:多元文化的发展使得社会更加多元化,对教育提出了更高的要求。教育需要尊重不同文化背景的学生,注重多元文化的交流和融合,培养具有文化包容性和跨文化交流能力的人才。

信息化时代:信息技术的发展和普及,使得人们可以更加方便地获取和传播信息。教育领域也面临着信息化的挑战,传统的课堂教学方式难以满足学生的需求,需要采用更加灵活多样的教学方式,例如网络教育、远程教育等。

总之,时代特征的变化对教育变化产生了深刻的影响,教育需要不断适应时

代的变化,注重学生的全面发展,培养具有多元化、国际化、实践性、创新性和文化包容性的人才。

时代特征的变化,是教育变化的客观背景,也是教育发展的导入依据。

将时代特征的变化落实到育人上,需要教育工作者从以下几方面入手。

重视学生素质教育的全面发展:在信息化时代,教育工作者需要注重学生的全面发展,引导学生进行多样化、个性化的学习和实践活动,培养学生的综合素质和多元化能力,提高学生的综合素质和竞争力。

促进学生创新思维和实践能力的发展:在知识经济时代,学生需要具备创新思维和实践能力,这需要教育工作者注重培养学生的创新意识,引导学生进行实践探索和创造性思考,培养学生的实践能力和创新能力。

注重学生国际化素养的培养:在全球化时代,国际化素养已经成为学生必备的素质之一。教育工作者需要注重培养学生的跨文化交流能力和国际视野,提高学生的国际化素养,为学生的未来职业发展打下坚实的基础。

强调学生多元文化的认知和包容性:在多元文化时代,教育工作者需要注重培养学生的多元文化认知和包容性,帮助学生理解和尊重不同文化背景的人,培养学生的文化包容性和跨文化交流能力。

促使学生成为新科技的使用者和创造者:在信息化时代,以人工智能为标志的信息技术正极大地改变人们生产的方式、工作的方式和生活的方式,为此培养学生的内驱头脑、技术头脑和工具头脑,是当今教育必须面对的新课题。

综上所述,将时代特征的变化落实到育人上,需要教育工作者注重学生创新思维和实践能力的发展,培养学生国际化素养,强调学生多元文化的认知和包容性,以及重视学生素质教育的全面发展和驾驭未来的高超能力。

2. 文明进步发展对教育适应的显性提示

文明,是社会成熟的基本特征,也是教育成功的重要指向。

文明进步发展,表现在社会上,是文明制度的全面建立、文明规则的广泛遵守、文明礼仪的普遍普及、文明风尚的最大呈现。

文明进步发展,表现在学校上,是文明知识的传授性、文明教养的熏陶化、文明伦理的自觉化、文明教育的影响力。

文明进步发展,表现在个人上,是文明接受的愉悦性、文明感化的持续性、文明人生的建树性。

文明社会的进步发展,对教育的适应性显然提出了客观标准和对接要求。

首先,要明确教育与文明是一致的,教育是为了更好地认识、理解和践行文明,教育最终要导向文明程度的提升。

其次,要明确教育以文明为准绳,无论经济发展到什么程度、技术飞跃到什么程度、生活富裕到什么程度,文明永远是社会的支柱、精神的支撑、和谐的支持。教育内容在时代发展中虽有侧重,但文明是不变的基调。教育要守住文明的底线。

再次,要明确教育把人从"自然人"培养成"社会人",进而培养成"文明人"。把学生培养成"文明人",这是文明社会的需求,也是社会文明的追求。文明社会,需要一代代文明的参与者、建设者和创造者。

教育是影响人身心发展的社会实践活动,其本质是以人为本的具有社会背景和社会属性的促使个体社会化与社会个性化的实践过程,其目的在于将个体培养成能够融入社会生存、能够建设社会运行、能够促进社会发展的人[①]。虽然各国学者对于教育的定义有所不同,但教育与社会环境之间存在的紧密关系已经成为基本共识,它也成为各国各时期教育改革与实践的重要推手和目标依据。作为当今世界上人口最多、影响力最大的社会主义国家,我们国家一向将教育发展放在首要民生事业目标之中,旨在通过教育事业的发展培养德智体美劳全面发展的社会主义建设者和接班人。

近年来,随着社会主义现代化建设的历史进程不断推进,特别是在党的领导下全国人民迈上了全面建设社会主义现代化国家新征程、向第二个百年奋斗目标进军的关键时刻,以及科技进步与国内外政治经济局势的逐渐变化[②],这些社会环境因素都对我国新时代的普通高中育人目标带来了根本性的影响。培养出具有共产主义理想信念,能够适应不断发展的世界格局、具备综合化社会素养、有着积极的社会信念与完善的社会道德品格的社会主义建设者和接班人,成为当前我国发展教育事业的终极追求。而高中教育在其中则有重要的地位。2017

---

① 鲁洁. 教育:人之自我建构的实践活动[J]. 教育研究,1998(09):13-18.
② 刘伟,陈彦斌. "两个一百年"奋斗目标之间的经济发展:任务、挑战与应对方略[J]. 中国社会科学,2021,303(03):86-102+206.

年,教育部等四部门印发了《高中阶段教育普及攻坚计划(2017—2020年)》(以下简称《攻坚计划》)。《攻坚计划》指出,普及高中阶段教育是我国继普及九年义务教育之后进一步提升国民整体素质、劳动力竞争能力、建设人力资源强国的重大举措,意义重大,影响深远。当前高中阶段教育工作与我国全面建成小康社会、打赢扶贫攻坚战、推动经济产业转型升级、推进教育现代化的社会环境有着密切联系,其作用在于为我国开启全面建设社会主义现代化国家新征程、向第二个百年奋斗目标进军,培养出能够助力时代发展的有用之才。

二、现代化社会背景下的高中教育变革

高中教育变革,是整个教育改革的重要方面,也是基础教育改革的重中之重。

围绕社会主义教育的方向和在新课程、新教材的背景下,实现高中教育变革,既是客观需要,也是主观需求。

1. "双新"视域下高中教育发展目标与任务

时代的变革,使得高中阶段教育的社会化目标导向,从原先的"率先实现教育现代化",逐渐转向"全面建设社会主义现代化"的历史阶段,追求教育高品质发展逐渐成为当下高中阶段育人模式改革的主要方向①。这标志着高中教育进入一个新的历史阶段:进一步弘扬以人为本的发展理念,让每一位学生的潜能都能得到充分认识与发展,具备适应终身发展和社会发展的正确价值观、必备品格和关键能力,成为在某一领域对社会有用的人才。

社会主义现代化的全面建成,离不开完备的社会政治制度、全面的社会生产系统,以及完善的社会法律体系与道德风尚的支撑,这些要素的形成实质上是各行各业的专业化社会发展的必然结果,其背后是高水平的专业化人才与高素质的社会公民的共同努力。而将学生培养成新时代社会主义事业的建设者,也成为高中教育发展的根本任务。为了完成这一根本任务,高中学校及其教学工作者必须清醒地认识到高中教育对于新时代人才学习需求的支持作用所在。因

---

① 怀进鹏. 为全面建设社会主义现代化国家贡献强大教育力量[J]. 教学管理与教育研究,2023,8(02): 3.

此,相较于传统高中教育中聚焦单一学科知识教学与考查的教学模式,聚焦学生核心素养培养成为高中阶段各学科教育变革的新方向。在数智化时代,学科知识的获取失去了高门槛,基本的学科技能同样迎来了智能工具化的应用时代,这些特征都使得传统的高中学科教学模式失去了学生的社会化培养优势,从而使得部分毕业生不再能够迅速适应和融入飞速变化的时代发展①。通过学科教育发展学生的学科素养,培养学生的学科思维与综合能力,从而使其成为引领时代的主导者与现代社会的建设者,成为高中阶段学科教育的核心目标。

而由国家主导的"双新"(新课程、新教材)教育改革,是一个系统化的改革举措,包括新课程方案、新课程标准、新教材、新教学方式、新评价和新高考等方面。

在"双新"背景下,高中教育发展目标与任务更为完整和清晰。高中教育,不是为了培养几个高考学霸,也不是仅仅为了让拔尖者考进顶尖大学,而是为了培养一个个有理想、有情怀、有头脑、有能力的全面发展的人。因此,高中教育发展目标,与时代需求相符,与社会期盼相适,与文明进步相契,办学要以高标准与时俱进,要以高质量求高生存,要以高水准递进发展。立德树人,是对"双新"的最好建树,也是高品质办学的最大效益。

2."五育"融合高中生成长需求变化与趋势

"五育"融合,既是完成立德树人根本任务的最佳途径,也是高中生自身成长的目标导向。

面对不确定的世界和状况,能确定的是高中生成长需求变化与趋势会有定力。在当今,高中生成长需求与趋势,从宏观上看,应与时代需求紧密结合,成长需求要有宽阔的前瞻视野;从中观上看,应与社会适应紧密结合,成长需求要有思维的开放特性;从微观上看,应与做人做事紧密结合,成长需求要有平衡的结构优势。

而"五育"融合,正是对前瞻视野的聚焦、对开放特性的加持、对结构优势的凝练。

因此,高中育人方式需要变革,在系统育人、全面育人、结构育人、平衡育人上努力。

---

① 邓莉.美国21世纪技能教育改革研究[D].上海:华东师范大学,2018.

就教育系统内部而言,课程须"五育并举",在重德、强智基础上,进一步明确体、美、劳教育短板,促进学生全面发展和创新创造能力培养;育人方式须变革,推动教学方式和评价方式实现全面转型;教育治理和共建关系升级,教育生态得到显著改善,家庭教育、培训机构市场等进一步形成育人合力。

为了引导高中教育在人才培养上的目标转向,新高考制度的改革率先在上海、江苏等经济发达省市逐步推行。多元化的选拔机制、多维度的选考模式及深化思维情境的考查内容等都成为新高考制度的主要特色。而这些特色都使得相应地区的各个高中在具体的课程教学环节迎来了较大的改变与调整。如何合理调整课程教学的内容进度以应对选拔机制的调整,如何搭建适应学生选考选学需求的课程教学模式,如何塑造适应学科考查深度的课程教学内容,都成为考验学校管理者与一线教师适应教育教学改革能力的重点和难点。课程与教材改革也在继新高考改革的实施后于高中学段相应展开。对于具体的高中学校及一线教师群体而言,做好新课程的整合实施与新教材的合理运用工作则成为落实教育改革的关键举措。

三、教育环境发展带来的办学挑战与策略

任教多年来,对我而言,最大的感受在于教育发展环境的变化给学校办学带来的相应变化。在我刚刚走上讲台的 20 世纪八九十年代时,落实国家课程教学任务、助力学生于高考中获得优异成绩并进入理想的大学殿堂,几乎是高中教育唯一的工作任务。在那时,无论是学生、家长还是教师,都将认真学习高考课程科目、掌握应试能力与得分技巧视作学生进入高中学习的核心目标;而参加高考更是被形容为"千军万马过独木桥"。

然而,随着时代的变化,经济的增长、科技的进步,以及随之而来的人民更高社会需求,以及更多社会生存选择权利的增加,高中教育与学生成长的关系有了更加复杂的关系。一方面,由于我国高等教育资源的进一步扩充及人民受教育选择权利的进一步增长,高中学生在高中毕业后往往有着更加多元化的出路选择:部分学生选择了出国前往海外知名学府进行深造,一些有着专业特长的学生凭借某个专业上的优异成绩与奖项提前被高校录取,一些学生根据自身兴趣

爱好与学习能力选择通过提前单招的途径进入高等学校学习……选择上的多样化使得学生在接受高中教育的学习需求上产生了质的变化。另一方面,由于科技的进步带来的社会专业分工进一步细化,以及新高考模式带来的学习变革,相较于以往的被动式课程学习,当下的高中学生需要更早地根据自身的学习能力与学习兴趣,提前做好较为多元的课程学习选择规划,以应对未来进入高等教育后的专业学习需求[①]。

具体来看,这两方面的改变都使得传统的课程教学与高中学生个性特长差异化发展产生了一定的学习需求矛盾,原有的课程内容难以全面满足学校里所有学生的差异化学习需求。而如何改善这一现有局面下的学生学习需求矛盾,变革高中课程教学模式以应对学生日益发展的多元学习诉求,既成为我所任教的上海市第六十中学数十年来育人变革发展的基本动力,也成为我从教数十年来坚持的教育追求与发展动力。

1. 学生为本发展的育人态势挑战

以人为本,是社会公平的法则;以学生为本,是教育公正的规则。

一方面,追求教育高品质发展的核心要点,在于塑造以人为本的教育环境与因材施教的教学模式,其背后的教育原理在于尊重教育对象的个体性与差异性。青年期是个体在生物性和社会性的发展上走向成熟的时期。作为青年初期的高中生,正由幼稚的儿童期向成熟的青年期过渡。在这一时期,高中生的生理发展迅速走向成熟,而心理的发展却相对落后于生理的发展,他们在理智、情感、道德和社交等方面都还未达到成熟指标,正处在人格化的过程中[②]。高中阶段往往处于学生"成人"意识觉醒,独立意识、自我意识强化的关键时期,根据不同学生的情感需求变化与精神价值观念予以合理、正确的引导,是学校育人工作的重要任务。对于高中教育工作者而言,应当认识到当前高中学生个体意识的形成往往受到多元文化因素的影响——数字化与信息化的时代特征赋予学生多维度接触和认识社会的机会,也随之带来了相应的机遇和挑战。而相较于数字移民一

---

① 国务院办公厅关于新时代推进普通高中育人方式改革的指导意见[J]. 人民教育,2019,No. 811(Z2):10-13.
② 聂衍刚,郑雪. 中学生人格特点和发展现状的研究[J]. 心理科学,2004(04):1019-1022.

代的教育工作者而言,如何正确引导属于数字原住民一代的高中学生的个体意识发展,则需要秉持更加开放与宽容的态度[1]。学生的个体意识不是教师自我意识的延续,也不是对传统社会意识的全盘传承;而教师与教学管理工作者应当在学生的意识觉醒中更多扮演引导者的角色,帮助学生根据自身能力、条件与性格特点等多元要素在不断学习和社会化探索中凝练出属于自身的积极健康、适应社会、不断进取和发展的个性化价值理念[2]。

另一方面,因"成长"压力而导致的高中生心理问题频发,也给当下的高中教育教学工作带来了相应的挑战,如何建设积极健康的学校学习环境,搭建合理疏导解决高中生心理问题的校园平台,设立引导学生正确认识"成长"压力的课程内容,营造高中生健康心理发展的校园文化氛围,都将作为新时代高中育人变革所要面对的课题。此外,对于学校而言,如何面对高中学生伴随生理发展而表现出的认知行为上的复杂性同样值得重视。学生不成熟的认知水平及逐渐成熟的生理状态往往使其在学习与生活中的种种行为充满了矛盾性,而这一矛盾性也随着信息时代的到来大有加剧之趋势。面对多元化、成人化的社会信息获取,高中学生往往容易在渴望成人化的身心需求下陷入认知行为上的迷茫,进而对自己的日常学习生活产生相应的影响。而学校教育要抓住这一特征,以新时代的社会价值理念给高中学生正确、积极的社会观引导,合理运用各类社会环境资源与相应助力,从而实现学生德智体美劳教育的全面落实,同样是新时代教育发展环境赋予学校管理者与教育工作者的重要任务[3]。

因此,以学生为本,不仅要在理念上认同,而且需要在实践中兑现,更需要在个性发展中成就。

2. 顶层设计谋划的育人实施策略

高中教学改革的推动和实施,引发的根本原因在于当下的高中课程与教学难以满足学生日益发展的学习需求变化。因此,合理地设计和调整高中教育在

---

[1] 王艺阳. 高中生数字化学习与创新素养的提升策略研究[D]. 闽南师范大学,2022.
[2] 李丽梅. 高中生职业成熟度发展特点研究[D]. 呼和浩特:内蒙古师范大学,2011.
[3] 李蔚然,李祖超,陈欣. 高中生价值观的新特征及对策分析:基于9省(区)6887名高中生价值观发展现状的调研[J]. 教育研究,2018,39(07):54-60.

学生学习需求中的定位,科学设置高中课程教学的目标显得尤为关键。

对于上海市第六十中学而言,实施"成才教育"模式变革的首要策略在于对发展目标的顶层设计规划。除了高质量完成国家课程的教学任务外,如何根据学生的学习发展需求制定校本课程内容与实施模式,则成为对发展目标进行顶层设计的核心要点之一。在学校一代代、一届届学子的高中学习生涯中,可清晰地感受到不同时代的学子在个人意识、价值观念,以及与之相应的学习需求层面不断发展变化的状况。而根据时代的要求及对一届届学子学习需求的考察,来科学设置学校育人目标和课程教学目标,则成为顶层设计能够一直保持有效运作的核心支撑要素。完善的发展目标顶层设计,一定是紧贴学生即时的学习需求的。而在本书的后续章节中,将借实例讨论如何通过结合学生学习需求、国家课程教学任务等多重要素来完善发展目标顶层设计的具体方法。

3. 课程系统支撑的育人路径探索

课程是育人的重要载体。在合理发展目标支撑下,对学校课程的建设与管理工作成为"成才教育"育人模式运行的关键落脚点。对于高中而言,落实国家课程的教学任务是核心工作内容,而如何在高质量落实国家课程的基础上进一步拓宽高中课程,以便切实满足学生的多元化学习需求则成为"成才教育"思想和育人理念落实的关键问题。从我的认知来看,这个问题的本质实际上涉及了三类问题:一是哪些课程是学生愿意学习和接受的?这些课程又是否能够给予学生实质性的成长帮助?二是怎样的课程是真实情况下的普通高中有能力、有条件开设的?又如何定位这些课程与国家课程之间的角色关系?三是如何对这些特别开设的课程进行科学的统筹管理工作,以保障课程教学的质量问题?

在学校课程改革与发展的数十年间,一代代"六十人"为这三类问题的解决奉献出了巧妙的教育智慧,通过无数次的教学研究与实验逐渐摸索出解决问题的合理答案。就校本课程而言,其中的一些课程及其模式在具体的育人策略中产生了较好的表现,而也存在相当一部分开设的课程被更替、调整或移出了学校的课程设计当中。我们必须明确认识到,课程的丰富与完善是一项长期的工作,任何课程的建设和实施都是具有时效性和时代特征的。学校和教师团队有必要时刻对这些课程保持敏感的审视态度,积极认真实施教学工作并阶段性地评估课程对学生的作用与价值。

4. 多元保障机制的育人方式转型

育人方式的转型,是教育改革是否能够落到实处的关键。对于一线教师而言,"改革"一词并不陌生。然而大家在真实经历了各项教育改革后,往往感受到改革并没有落到实际育人的具体层面上,而是更多地呈现出走形式、喊口号的特点。这样的感受难免挫伤教师参与改革的积极性。因此,如何真正实现育人方式的具体转型,成为判断"成才教育"变革意义与价值的重要指向。

依我看来,实现育人方式的变革应当主要聚焦于三个层面。首先,是否提供了相应的资源、设备与人力来保障育人方式变革的基本运转:例如,是否能够给物理、化学等课程提供实验场所与器材,来保障实验探究类课程能够顺利实施。其次,是否提供了相应的培训和保障机制,来确保育人方式变革的切实落实:例如,当要求某项语言类课程可以走出课堂,使用情境式语言沙龙的方法引导学生口语能力发展时,需要保证任课教师具备使用相应教学方法来授课的能力。再次,需要对育人方式变革予以必要的保障和监督,来保障其不会流于形式或干脆被传统课堂教学所替代,成为只在教学记录上存在的虚拟历史。最后,应当合理地调整相应的评价机制,来对管理团队、授课教师及学生进行合理的评估,从而实时地保障整个育人方式转型健康运行。而这些层面是如何通过具体的策略来予以落实的,正是学校基于"成才教育"思想的教育改革在数十年来积累的宝贵经验与成果。

第一章 「成才教育」的发展轨迹

"成才教育",是学校办学的一面旗帜,也是办学历史的一种凝练。

第一节 彰显教育本质:"成才教育"的产生与内涵

"成才教育",是有教无类的产物,也是因材施教的践行,从根本上看,是教育本质的显性化和具体化。

一、"成才教育"的产生基础

上海市第六十中学创办于 1933 年。是年,杨虎、孙科、吴铁城等人为纪念 1915 年海军战舰"肇和号"反袁称帝在沪起义事件,同时也为解决"肇和号"战舰烈士遗孤就读,发起创办了上海市私立肇和中学。虽几经战乱迁校,肇和中学仍坚持不懈,为国家培养了大批人才。

1956 年,学校被上海市人民政府收编为公办完中,更名为上海市第六十中学,从此迈开了学校满足劳动人民子女就学需求,办老百姓欢迎的教育旅程。1963 年,学校办学成绩突出,被上海市教育局确定为上海市重点中学。

"文革"期间,学校遭受重大损失。1978 年,学校恢复正常教学秩序,但教育教学质量已严重滑坡。

随着改革开放的大潮,学校也开启了人事制度改革和课程教学改革的新征程。1985 年,学校率先进行高、初中部脱钩试点,原初中部师生并入上海市青云中学,成为一所独立高级中学。1987 年,学校被确定为闸北区重点中学。

20 世纪 90 年代初起,学校秉持"自强不息、争创一流"的办学精神,提出、弘扬并发展"成才教育"办学思想,围绕"一切为了学生成才"的思想核心,倡导"勤学、求真、敬业、创新"的校风,"努力创设适合不同天资学生需要的丰富多样的教育",稳步提高教育质量,为国家培养了大量有用人才,得到空前发展。学校成为上海"一期课改"和"二期课改"实验基地。2007年,学校被评为上海市实验性示范性高中。

六十中学90年的发展史,"勇立潮头、抓住机遇、锐意改革"是其风骨。特别是近30年来,学校的办学实践充分体现了"对外紧密关注时代特征、对内不断深化内涵发展"的特质。"六十人"立足高远,以捕捉时代发展的敏感态势,将时代赋予的机会变成学校的发展机遇,并在发展中积极探索,大胆改革。从最早的初高中脱钩,到一期、二期课改,从创办实验性示范性高中到向特色学校的发展,始终坚持向改革要质量、要卓越,更新了观念,提升了素质,开阔了眼界,增强了实力。更为重要的是,学校提出的"成才教育"思想,以时代和社会发展为轴心,以学生成长和发展为核心,以优质高中建设为重心,历经20世纪90年代、进入新世纪以后和新时代这三个具有标志性的阶段,其思想内涵不断完善、丰满和深化,成为学校具有鲜明特色的教育实验项目,成为学校办学的指导思想和特色发展的重要指引,成为彰显学校价值的形象品牌。

二、"成才教育"的内涵指向

"不求人人升学,但求人人成才",是"成才教育"的基本概括,也是"成才教育"的重要表达。升学,对高中生而言,是重要的,但不是唯一的,甚至可以确切地说,来到学校的学生未必都能升入理想的大学,但人人成才是有可能的,也是可以做到的。"不求人人升学",这是尊重事实而采取的现实态度,而"但求人人成才",则是主动建树而倡导的观念意识。

"成才教育",是源于教育本质和教育功能而确立的一种先进思想,也是基于学生成人立德和成才立业而确认的一种育人思路,更是出于历史校情和现实基础而确定的一种办学路径。

"成才教育",以焕发学生成人能力为基础,以激发学生成才能动为重点,以迸发学生成人成才能量为导向。

"成才教育",以服务学生发展为宗旨,以引导学生成长为要旨,以成就学生为主旨。

"成才教育",贯穿"有教无类"教育公平的原则,落实"因材施教"教育公义的遵循,实现"人人成才"教育普惠的大同。

"成才教育",是对学生潜能的尊重,是对学生个体的扶植,是对学生发展的呵护。

"成才教育",坚持在宏观上办人民满意的教育与微观上学生成长愿望的统一,坚持在大局上办优质特色学校与细部上育学生才华的统一,坚持在格局上家校协同育人与家长心愿达成的统一。

"成才教育",遵循和坚持以下一些原则:

以学生发展为本的原则——立足学生,是"成才教育"的基点,发展学生,是"成才教育"的燃点,成就学生,是"成才教育"的亮点。

以正能量影响学生的原则——教育的最大功能在于开发学生,教育的最大价值在于成就学生,教育的最大作用在于影响学生。

以聚焦学生关切的原则——才学,是立稳社会之本;才能,是立业社会之术;才华,是奉献社会之艺。

第二节　提高发展进阶：成才教育的深化与完善

"成才教育"的产生和发展，是一个循序渐进的过程，深化与完善是其性格。

一、"成才教育"的发展阶段

"成才教育"的产生和发展，可归纳为以下三个阶段：

第一阶段：20世纪90年代初，在全面实施素质教育背景下，"不求人人升学，但求人人成才"的"成才教育"应时而生。

1993年，《中国教育改革和发展纲要》及《中国教育改革和发展纲要实施意见》中，以中共中央、国务院文件的形式确立了基础教育要由"应试教育"转向全面提高国民素质教育，面向全体学生，全面提高学生的思想道德、文化科学、劳动技能和身体心理素质，促进学生生动活泼的发展。

在此背景下，结合办学实际，学校提出了以"不求人人升学，但求人人成才"为理念的"成才教育"思想，打破了办学"唯升学率至上"的桎梏，提倡学生在高中阶段打好基础，为将来的发展与成才做准备。素质教育的提出，孕育了"成才教育"理论雏形。

第二阶段：21世纪，在实施以培养学生创新精神和实践能力为重点的素质教育背景下，学校展开了"一切为了学生成才"的"成才教育"深化研究。

1999年6月13日，《中共中央国务院关于深化教育改革，全面推进素质教育的决定》（以下简称《决定》）发布。《决定》明确指出，要以培养学生创新精神和实践能力为重点实施素质教育。《决定》赋予新时期素质教育以新的内涵：素质教育的宗旨是提高全民素质，重点是培养学生创新精神和实践能力，灵魂是提高学生的思想政治素质。

伴随着国家对人才素质的需求提升,学校将办学理念调整为"一切为了学生成才",主张普通高中应该以高中学生人人都有成才的愿望和潜能为立足点,努力创设适合不同天资学生需要的丰富多样的教育,使学生形成自觉的成才意识,为全体学生打好共同而必需的基础,使每个学生的潜能与特长都能得到培养和发挥,从而帮助学生做好将来在不同方向成才的准备。

第三阶段:新时代,教育综合改革背景下,"让每个人全面而有个性地发展"的"成才教育"成为学校的新追求。

党的十八大后,《教育部关于全面深化课程改革落实立德树人根本任务的意见》以文件的形式回答了"培养什么样的人、如何培养人及为谁培养人"这一系列教育首先要回答的根本问题,明确要求社会主义核心价值观进教材、进课堂、进头脑,要着力培养具有"高尚的道德情操、扎实的科学文化素质、健康的身心、良好的审美情趣"的社会主义合格建设者和接班人。这一文件为"成才教育"特色发展指明了方向。

特别是党的十九大报告指出,我国社会主要矛盾已经转化为"人民日益增长的美好生活需要和不平衡不充分的发展之间的矛盾"。人民对美好生活的需要亦是教育承载的使命。引领青年学生坚定方向,以家国情怀托举时代使命,以责任担当背负历史重任,将个人价值的实现汇入中华民族伟大复兴的滚滚洪流,将对中国梦的追寻投入敢于担当的切实行动,高中学校责无旁贷。

二、"成才教育"的重点突破

在发展过程中,"成才教育"通过不断破解、提升、超越,重点突破一些难点、堵点和热点问题,提高发展水平。

随着"培养什么样的人、如何培养人以及为谁培养人"新时代教育使命的不断追问,"十三五"期间,学校将"造就多元人才,和谐全面发展"作为进一步践行"成才教育"思想的新追求,围绕三个方面开展探索:一是学生健全人格的浸养,奉献自己、服务社会、报效国家;二是学生人文特长的滋养,蓄文化底蕴、倡文理相融、促睿智高雅;三是学生多元特质的培养,夯实基础,鼓励创新、敢于冒尖。

这是对"成才教育"思想的继承和发扬，也为每个学生个体的"和谐全面发展"提供了保障。

2018年，习近平总书记在全国教育大会上强调：要坚持"以凝聚人心、完善人格、开发人力、培育人才、造福人民为工作目标，培养德智体美劳全面发展的社会主义建设者和接班人"。

2019年，中共中央、国务院《中国教育现代化2035》中提出了八大基本理念：更加注重以德为先，更加注重全面发展，更加注重面向人人，更加注重终身学习，更加注重因材施教，更加注重知行合一，更加注重融合发展，更加注重共建共享。提出到2035年，要总体实现教育现代化，迈入教育强国行列，推动我国成为学习大国、人力资源强国和人才强国，为到21世纪中叶建成富强、民主、文明、和谐、美丽的社会主义现代化强国奠定基础。

同年，国务院办公厅发布的《关于新时代推进普通高中育人方式改革的指导意见》中，围绕"凝聚人心、完善人格、开发人力、培育人才、造福人民"的工作目标，明确了普通高中促进学生适应社会生活、接受高等教育、未来职业发展的"三个育人方向"；提出了建设普通高中育人的课程教学、学生指导、考试招生、师资队伍、条件保障"五大体系"的工作。确立了改革目标：到2022年，德智体美劳全面培养体系进一步完善，立德树人落实机制进一步健全。普通高中新课程新教材全面实施，适应学生全面而有个性发展的教育教学改革深入推进，选课走班教学管理机制基本完善，科学的教育评价和考试招生制度基本建立，师资和办学条件得到有效保障，普通高中多样化有特色发展的格局基本形成。

在新形势下，学校将"让每个人全面而有个性地发展"作为"十四五"期间的办学新追求。"让每个人全面而有个性地发展"的办学追求，是对"立德树人"要求的正确认知，是对"成才教育"思想新的继承和发扬。这一理念将具体指导并贯彻在"十四五"学校教育教学改革的方方面面。

第三节　体现办学治理："成才教育"的哲思与定位

在发展中,"成才教育"形成了具有自身特点的体系和结构,成为指导学生进行成才实践的指导思想。

一、"成才教育"的教育哲学

教育哲学,是用正确的世界观和方法论,辩证地看待和对待教育现象的一种主张,也是以正确的规律和法则,引领教育发展的一种思维。建立在教育哲学基础上的教育探索,才是有前途、有前景、有前瞻的教育。

"成才教育",之所以经久不衰,源源不断,归根结底在于有教育哲学的源头引擎。

学校"成才教育"的实践研究走过了 30 年的发展历程,在教育综合改革背景下,为更好地践行"成才教育"思想,以"让每个人全面而有个性地发展"为办学理念,展开新的探索。而这一切探索的基础是学校教育工作者对"成才教育"思想背后以人为本、以学生为主体、以推动新时代中国特色社会主义建设为目标的教育哲学思想的探索与实践。

对于高中教育教学工作而言,高质量完成国家课程的教学任务是学校的核心任务。国家课程修习保证了每一位高中学子能够在德智体美劳得到基本的知识学习需要与综合能力提升,为其适应当下的社会生活与身心发展提供了坚实的保障,也为其日后的继续深造与职业发展打下了完备的基础。这些保障和基础不仅满足了高中学生作为"自然人"的学习需求,保障了其作为社会公民的学习权利;也为国家发展与社会进步提供了基础的人才培养保障,为不断推进社会主义现代化发展的历史进程、在党的领导下朝着第二个百年奋斗目标迈进的关键时期源源不断提供重要的社会主义人才后备军。而在这一基础上,搭建满足学生需求、适应社会发展的校本课程体系,则成为学校贯彻落实党的教育方针,践行"成才教育"思想的重要抓手。体系主张学生可以根据自身学习需求、个人爱好、职业规划等要素,灵活选择各类校本课程进行学习,并在学校教师的指导下自由搭配适合每一位学生个体的课程学习组合,这样真正使人才培养与因材施教、以人为本的教育哲学理念得以融合。

二、"成才教育"的办学目标

办学目标是一所学校在面对与实施相应办学任务的核心目的,是体现一所学校办学思想、办学理念与办学特色的重要依据①。在长期的办学实践中,上海市第六十中学确立了以下办学目标:弘扬并发展"成才教育"思想,质量为本、文化立校,为每一位学生提供促进学业进步和个性发展的生命成长环境,为每一位教师提供提升专业素养和教育境界的专业成长环境,打造一所"人文环境和谐、学术氛围浓厚、发展视野前瞻"的高品质创新型一流实验性示范性高中。

对于"高品质创新型",学校的定位是:注重教育内涵的深度挖掘,凝练鲜明的办学特色,学生潜能得到开发,从而全面、有个性地发展。"高品质创新型",主要反映在现代学校制度建设和治理能力的提升,以及学校教育综合改革的深化上。学校的规划管理主要由办学思想和理念、办学的目标定位及课程教学体系、成长指导体系、教师研训体系、协同育人体系、学校管理体系等要素融合而成。

一是学校管理体系自主人本。以教育思想、办学理念和办学目标引领学校各组织(正式和非正式)建设,形成趋向一致的价值观;以现代学校制度实施强化目标管理,实现教育观念、目标、制度等一系列改革,形成活动组织开展、教师教育教学方式、学生学习方式等相互渗透影响的学校管理文化,提高管理效能。

二是课程教学体系完善创新。按照国家"新课程、新教材"实施要求,编制"五育并举"的学校全景式课程体系。在重德、强智的基础上,大力推进体、美、劳

---

① 李静. 现阶段我国普通高中教育功能研究[D]. 大连:辽宁师范大学,2016.

教育,培育学生核心素养,为学生全面而有个性地发展奠定基础。优化教学组织管理。深化课堂教学转型,以"三问"教学法研究为抓手,根据学校自身特点,依据校情创造性地实施国家课程,有效实施学校特色课程;有序推进选课走班,探索适合本校学生实际的最优化方案,探索个别化教育的资源支持,满足不同学生发展需要。创新学习载体建设。搭建个性化学习平台,聚焦学生志趣,开展项目式研究学习,满足学生选择与探究的学习需求,提升学生学术素养和能力。改革学生评价模式。在国家和本市高中生评价方式基础上,建立多维立体、以人的发展为本的校本评价体系,发挥评价的引领作用①。

三是成长指导体系家校共建。推进生涯教育,实施"全员导师制",让每一个学生都能得到老师的陪伴式关怀,让教师真正成为学生人格发展的促进者;落实家庭教育指导,办好家长学校。

四是教师研训体系层级引领。以"问题导向、需求导向"为抓手,依托教师研修工作坊,开展教师层级式发展研训,坚持"理论与实践结合""行动与反思同行",为每一位教师实现职业生涯规划和进阶发展搭建平台。

五是协同育人体系校社合力。建立学校共治委员会和联席会议制度,建立学校志愿者队伍和与之配套的制度,拓展作为学校课程延伸的实践基地,完善基于学校共治的资源共享机制。

三、"成才教育"的育人目标

育人目标,是教育的核心价值,也是办学的重要指向。

学校育人目标是学校办学目标的核心要素。无论哪一所学校,其办学目标的实施与实现,都要以具体的育人工作予以基本落实。而育人目标的科学性、主体性及明确性,也都能够在一定程度上反映学校办学目标的精神内涵与现实价值,并通过以实际育人工作的方式对学校的办学目标予以积极的回应。

为此,学校确立了以"成才教育"思想为引领,为每一位学生提供促进学业进步和个性发展的生命成长环境,培养学生面向未来社会的胜任力,使学生全面而

---

① 徐士强. 本道术原:普通高中特色课程的建设逻辑[J]. 中国教育学刊,2019,315(07):42-48.

有个性地发展,成为人格健全、基础厚实、创新发展的现代公民,最终成为社会主义建设者和接班人的育人目标。其中,人格健全,要求培养学生爱国明礼、高雅乐群的价值观念与思想品德;基础厚实,要求塑造学生人文浸润、科学启智的社会素养与综合能力;创新发展,则要求培养学生勤于实践、勇于探索的奋斗精神与发展理念。

育人目标,充分体现了"成才教育"的内涵指向和价值追求。

第四节　注重创新探索:"成才教育"的路径与特色

"成才教育",注重自身的发育成"才",强调通过载体运作,使之形似神明。

"成才教育"思想应时代而生,也一直因时代对人才的不同需求而展开教育实践,反思与总结并进,内涵创新与实践转化并进,这些富有特色而卓有成效的教育实践,随着思想内涵的发展,大致可分为三种形态。

一、项目驱动,探索性推进"成才教育"发展

20世纪末,学校积极推进素质教育,先后成为上海市一期二期课改的实验基地。针对当时高考录取率低等多种因素对教育的影响,围绕"普通高中职业预备教育的整合与开发研究"这一主线,学校极具建设性地提出了在高中阶段实施"职业预备教育",帮助普通高中的学生建立一定的职业视角,使教育与学生的幸福、社会的进步及经济的发展联系在一起,对于学生的成才规划具有重要启示。在这一时期,学校组织编撰了《程序设计入门》等一大批职业预备教育的校本教材,同时率先在全市开设研究型课程,自主开发的国内第一个研究型课程学习平台——"六十中学研究性学习支持网",包含了涉及各个学科或学科交叉的60余条研究方向,成为办学一大亮点,参观学习者纷至沓来。"成才教育"作为响应素质教育而做出探索的成果,初步体现出其积极意义与实验价值。

在学校"成才教育"育人变革的数十年发展进程中,历届学校领导班子与一线教师均领悟到获取教育理论支持、开展统领性的项目或关键重点项目在学校教育教学工作中的作用与价值。以项目为驱动,积极探索教育工作中的现实问题及其解决策略,稳步推进学校"成才教育"思想持续发展。近年来,在国家统编

新课程、新教材推广使用背景下,展开以高质量实施国家课程、多元化打造并有效实施校本课程为目标的高中课程与教学改革研究,成为学校进一步践行"成才教育"思想的新舞台。

在这一背景下,近年来学校及其教师团队结合已有工作基础,积极申报了三项区域类教学科研项目。其中,"基于发达地区相关学科能力标准研究"项目,旨在以上海市及周边的发达地区普通高中学生学科能力水平评估为基础,围绕普通高中学生学科学习的内在机制与实际需求,对各相关学科的学科能力框架、结构、要素及其指标予以分层剖析,并最终建立一套合理的高中学段各学科能力标准理论模型与实践评价工具,从而为发达地区普通高中合理实施新课程、使用新教材打下坚实的科研基础,将"成才教育"思想中的学科课程育人理念贯穿落实。"提升学生核心素养的课堂教与学研究"项目,则聚焦学科课堂教学一线,以期在新课程教学中探索落实学生核心素养培育的科学路径与教学方法;项目深度挖掘新教材中学科素养内容体系,积极探索各学科课堂教学中提升学生核心素养发展的思想策略,以期将素养育人的"成才教育"理念与一线普通高中课堂教学联系起来。"探索区域融通协作共建育人机制研究"项目,则将研究视角进一步拓展,将普通高中在育人空间上的限制予以打破,试图探索学校所处区域内各单位、各社会资源等协调参与高中生培养的可行策略,并对相应机制予以总结梳理;以期突破普通高中育人的校园壁垒,让学生能够在享受多元化社会学习资源的基础上进一步发展综合素养,实现个性化、社会化与专业化的全方位发展。目前,三个项目已经在学校领导和一线教师的共同努力下取得了一定的成果,并迎来了项目的中期评估阶段。

2021年,学校还申报并立项了静安区2021年中小学(幼儿园)中青年教师团队发展计划项目和静安区高中学科"基于核心素养的学习活动设计与实施"专项行动项目,这两个项目分别聚焦跨学科PhD项目和基于"三问"教学法的单元学习活动设计与实施的实践研究,借助专家团队、凝聚教师力量开展工作。

目前,学校在认真分析以往课程与教学改革成果的基础上,成功立项了两项市级项目。一项是作为上海市普通高中新课程、新教材实施研究与实践项目(第三批)学校,承担两个研究项目:课程建设方向的内容为"基于'成才教育'办学思想的校本特色课程建设",教研工作方向的内容为"跨学科视域下教研机制创新的研究"。另一个项目是作为上海市提升中小学(幼儿园)课程领导力行动研究(第四轮)项目校,承担两个研究项目:必选内容为"移动红色书院:高中综合实践活动课程校本化实施研究",自选内容为"基于证据的'全景式课程'迭代研究"。这两项市级项目的立项,必将帮助学校进一步厘清当前高质量实施国家课程、有效实施校本课程、学生个性成长、教师专业发展等关系,优化路径,凝练成果,从而深化践行"成才教育"思想,全面推进普通高中新课程新教材实施的理念和要求转化落地。

二、课题引领,内涵式完善"成才教育"思想

21世纪,基于对人才创新精神和实践能力的注重,学校全面深化了"成才教育"的科学研究与探索。"成才教育研究""普通高中成才意识的培养研究"相继于1999年、2004年被立项为上海市教育科研课题,从学校顶层设计层面全面优化了"成才教育"的内涵。学校以信息技术为依托,构建符合学校特点的课程体系,开展"好课"标准大讨论,加强现代教学技术与课堂教学的优化组合,建立完善的教师校本培训机制,实现成才教育德育目标、内容、途径和方法的创新,等等。在全面总结的基础上编印了"成才教育丛书",包括《科学管理民主管理》《教育教学论文集》《优秀教案选》《研究型课程案例选》《学生研究型课程论文选》等。

在"成才教育"科学研究深化探索的基础上的若干相关课题引领下,"成才教育"思想逐渐以专业化、系统化和科学化的形式,凝聚为同时具有教育理论深度与教学实践价值的学校教改成果。2009年,学校申报的课题"推进成才教育的实践研究",被列为国家教育部教育科学"十一五"规划重点课题。作为全国100项重点课题之一,"成才教育"进一步被认可,并逐步形成以教育系统理论为支撑、以教学教研实践为基础的发展模式。在此基础上,在2014年和2015年,学校全面总结了30年的"成才教育"的实践,先后出版《成才教育再实践》《成才教育新探索》,与2001年出版的《成才教育的理论与实践》一起,建构起"成才教育"的理论支撑,"成才教育"的内涵在实践与研究中不断得以完善。

此后,在"成才教育"思想的实践研究过程中,一系列聚焦课堂教学与学生学习过程的研究课题的成功申报,也进一步展示了"成才教育"思想对一线高中教

师教学工作的重要支持作用。如 2014 年的"基于平板电脑的高中翻转课堂的实践研究"、2015 年的"基于翻转课堂的高中选择性学习的实践研究"、2016 年的"新高考背景下的科目选择体验学习的实践研究",连续三年被立项为区级重点课题便是最好的证明之一。在这些课题的研究中,既注重了课题之间的联系与传承,也注重了最前沿的科研信息理论和时代背景,将基于"成才教育"思想的课程理论重视长效化发展、课程形式内容紧密契合学科前沿设置、课程开发实施强调积极创新探索的具体思路予以了落实和体现。

至 2017 年,在全面总结与梳理推进"全景式课程"建设方面经验的基础上,学校申报的"在'全景式课程'中建设'1+X'课程群的实践研究"被立项为 2018 年上海市教育科研项目。"全景式课程"及其"1+X"课程群,是在"成才教育"思想下对校本课程开发建设予以进一步创新探索的学校科研产物,其在科学化的课程理论基础上,系统性地阐述了普通高中合理建设校本课程体系的思路、结构、实施与评估等一系列内容。这一课题立项标志着学校"成才教育"思想迎来了新的历史进程。而在此后的 2021 年,在"双新"全面实施的背景下,为引导学生对处在"百年未有之大变局"背景下的当代中国国情有清晰的认识,自觉传承红色文化,学校对极具特色的传统校本德育课程"红色堡垒"建设的情况进行了梳理,申报了"移动红色书院德育校本课程实践研究",被立项为区级重点课题。

一系列的课题项目的成功申报与结项,既是学校"成才教育"思想与教育实践结合的宝贵成果,也是学校在"成才教育"思想下不忘育人初心、不断发展、砥砺前行的一面面"荣誉锦旗"。

三、总结提升,创新化凝练"成才教育"成果

进入新时代以来,围绕国家对人才需求的新的变化,对学生时代使命与家国情怀的培育上升到新的高度,学校加强了对 30 年"成才教育"研究成果的转化,开始踏上新的征程,主要表现在:一是在"成才教育"思想指引下,全面构建了新时代下的学校课程体系——"全景式课程",该课程以"让每个人全面而有个性地发展"办学理念为指导,以"人格健全、基础厚实、创新发展"为三个发展维度,以"爱国明礼、高雅乐群、人文浸润、科学启智、勤于实践、勇于探索"为六个发展特

质,以国家课程和校本课程为践行办学理念、实现育人目标的重要载体。"全景式课程"将高质量创造性地实施国家课程与多元化地打造校本课程相结合,凸显五育并举,注重素养本位。推进评价机制的改革,促使课程建设迈向新的台阶。二是关注学生个性特长的差异,优化分层教学举措,既注重将课程内容按知识的深度与广度分层,以丰富的课程选择性满足学生的需求;同时,也注重教学方法的全面改进,推行个性化的教学方式。特别是在"新课程、新教材"实施背景下,聚焦教育学的变革,深化"三问"教学法的研究与实践,夯实学科基础,提升核心素养,取得阶段性成果。三是作为对于人才培养的支撑与保障,学校着力优化教师队伍,注重教师综合素养的全面提高,提倡教师素养的"专"与"精"、"广"与"博";同时构建了层级式的教师发展体系,保障学校可持续发展。此外,还积极创建和筹备创建一批符合新时代学生发展需求的实验项目;等等。

作为学校坚持了30年的教育思想,"成才教育"的内涵不断深化,实践不断创新,成果影响不断辐射。

第二章 基于『成才教育』的德育实践

育人为本,以德为先。在推进"成才教育"过程中,学校十分注重以成人带动成才,以成才辅佐成人。

第一节 常规创新：塑造学生优良品格

成才先成人，成人先成品。

学生的常规德育工作紧紧围绕学校培养目标，在建章立制、实践完善与经验积累的基础上，引领学生坚定方向，助力学生成才，形成了在常规德育工作中塑造学生优良品格的多元平台。在长期的德育工作探索中，学校以此逐渐摸索出了以专题教育、行规教育、心理健康教育为抓手的德育常规培养体系。

一、专题教育引领正确价值追求

学校在充分挖掘校内与社会资源的基础上，开展了仪式教育、节庆教育、主题班会等系列活动。如利用升旗仪式开展了党史学习教育精神宣讲、校史课本剧展演、"诗说抗战"活动；利用节庆开展编制"节日小报"、为校园树木命名等活动；开展以核心价值观为主题的主题班会展示活动；将优秀传统文化与时代精神深深植根于每一位学生的心中，使得核心价值观内化为学生的自觉追求。同时，根据学校三个年级学生的德育认知起点、00后高中生的身心特点与成长环境等因素，学校进一步厘清了三个年级有序衔接的目标，高一年级，守礼崇德；高二年级，修身善己；高三年级，明责笃行。在目标的统摄下，学校以生涯指导为抓手设计了适合各年级的课程与活动，高一年级以行规与习惯养成为核心开展生涯指导，高二年级以自我管理与社会体验为核心开展生涯指导，高三年级以认识社会与责任意识培养为核心开展生涯指导，同时每个月明确了德育的主题，形成相互衔接的课程与活动。（见表2.1.1）

表 2.1.1 六十中学德育月主题

阶　　段	行　为　目　标
9月礼仪月	学会感恩,礼貌待人,尊敬师长
10月法治月	遵纪守法,爱护环境,尊重传统
11月体育月	积极锻炼,拼搏奋斗,果敢坚毅
12月艺术月	仪态优雅,乐观开朗,向善求美
1月学习月	主动学习,严谨务实,诚实守信
2月行规月	遵纪守法,健康交往,安全出行
3月环保月	珍惜资源,爱护公物,讲究公德
4月读书月	人文博雅,理性思辨,开阔视野
5月科技月	科学求真,勇于探索,积极创新
6月诚信月	诚实守信,勤奋学习,自尊自爱

二、行规教育培育良好行为规范

学校根据综合素质评价的相关要求,遵循学生的身心发展规律,修订了《上海市第六十中学学生手册》,制定了各项行规教育管理制度,明确了行规教育的总目标,即学生通过三年高中生活,立足"守礼、修身、笃行",成为有现代文明礼仪和良好行为习惯的优秀高中生。同时也明确了各年级分目标,即高一年级——守礼崇德、高二年级——修身善己、高三年级——明责笃行。各班根据上位目标,由师生共同确定班级目标。为了应对新高考改革,尤其是"3+3"选科模式下引发的诸多问题,学校开展了一系列课题研究,如上海市德尚课题"高考改革走班制背景下班级契约管理策略研究"、市级家庭教育课题研究"'微时代'背景下家校沟通策略研究"等。在课题的引领下开展班集体建设活动,如"温馨教室"评比,结合班级实际制定个性化的"班级微信群公约"等。学校每学年还进行三好学生与"德尚青年"的评选,由班级申报、年级筛选、学校考评最终确定人选并公示，同时记录于学生综合素质评价网中。通过树立行规榜样，传递校园正能量，营造了人文蔚起的校园环境，促成学生良好行规的养成。

三、心理健康教育促进身心成长

学校以发展性心理辅导为重点，把心理健康教育工作纳入学校五年发展规划之中，并融合到学校教育教学的各个方面。如通过心理健康教育课程、班主任疏导、心理咨询与辅导等途径，为全体学生的心理健康发展提供指导和服务；把心理健康教育理念渗透到校园环境中，参与学校生态文化建设，努力创设有利于学生心理发展的校园心理环境；把学校心理健康教育融入家庭教育，参与家庭教育指导，通过讲座、咨询等途径帮助家长建设和谐的家庭氛围；把心理健康融入学校教育科研，为学校教育、教学工作及日常管理提供心理学视角的建议，使学校教育教学更符合教育规律和学生身心发展规律。

第二节　实践创新，拓宽立德育人途径

学校聚焦教育热点问题，以"在实践中寻找问题，在实践中归纳经验"为策略，通过整合各种资源，为学生搭建自主发展的舞台，提供丰富多样的学习图景，拓宽了立德育人途径。

一、加强校园文化氛围营造

艺术节、体育节、读书节、科技节是学校传统特色活动，旨在唤醒学生的"特色发展"意识，推动学生个性发展。四大节中的许多活动成果已经融入校园文化之中，如，学生的美术作品成为学校一道亮丽的风景线，彰显了学校睿智高雅的文化内涵。在这些活动中部分学生的特长被挖掘，站上了更高层次的舞台，如学生在市级书画作品比赛中获得一等奖、区阳光体育比赛中获得一等奖。通过四大节活动，使学生的文化艺术修养和创新实践能力得到提高。

此外，学校丰富的社团活动为促进学生成才提供了更多机会、更大舞台。学校现有各类社团20余个，其中有5个曾先后被评为市、区明星社团。社团活动作为课堂教学的延伸，既丰富了学生的课余生活，也为学生提供一个自主发展的舞台，提升了学生自主学习与团队协作的能力。

二、注重社会实践资源开发

高考改革以来，学校抓住综合素质评价的契机，除了传统的学军、学农、社区志愿者服务项目外，还在市、区开拓了更多的社会实践基地。馆教联动结合，丰

富了学生对现实生活的实践体验,为学生多元发展提供了更广阔的平台。目前学校已经与四行仓库、闸北区革命史料馆、上海禁毒科普馆、商务印书馆、美尔尼科夫美术馆、上海中医医院等展开基地共建。同时,学校结合场馆资源为学生设计了各类学习活动:如利用场馆资源进行课题研究、场馆讲解员体验、场馆志愿者礼仪微课制作、主题活动单设计、走进场馆的教学等。尤其是近几年学校在上海市"进馆有益"微课题竞赛中获得多个一等奖,上海教育电视台对学生与指导老师进行了专门报道。学校还参与了上海市德尚课题"社会实践微课程"的子课题的研究,开展了社会实践新探索,即通过制作微课,运用自媒体进行社会实践前的规则教育与场馆知识教育。

三、坚持红色文化基因传承

传承学校所处地域的红色基因,是学校始终坚持的品牌活动。经过多年的积累和探索,学校开发了"红色堡垒"德育校本课程,利用上大遗址墙、青云广场遗址等校史资源和宝山路街道的红色历史文化资源,结合学生特点,以年级为单位,开展有针对性的活动,如高一年级的红色校史寻根活动、高二年级的红色印迹寻访活动、高三年级的红色主题的成人仪式。通过红色文化课程的实施,引导学生将革命传统的传承与时代发展的担当紧密结合,将红色堡垒赋予新的时代内涵,让红色基因真正扎根于学生的内心,以家国情怀托举时代使命。

近三年,为更好地落实立德树人的根本任务,培育德智体美劳全面发展的社会主义建设者和接班人,学校以《中小学德育工作指南》为指导,聚焦"思政教育与红色校本课程统整""教师育德意识与能力提升""协同育人"等课题,依托"移动红色书院"建设,推进"三全"育人格局构建,以此撬动学校育人方式的全方位变革,为学校红色教育品牌建设寻找到新的增长点,切实提升了德育工作的实效性。

"移动红色书院"是在学校原有的中国系列课程"红色堡垒"基础上的升级迭代项目,该项目打破必修课、选择性必修课、选修课的课型限制与学科壁垒,以思政课为主要载体,融通其他课程,形成了以书院制学习方式为特色,以理想信念教育为主要学习内容的德育品牌。

在推进"移动红色书院"建设的过程中,学校将原有的"四大节"(艺术节、体育节、读书节、科技节)、劳动教育、家庭教育月与心理月活动有机统整。同时应对疫情创设了各类线上学习资源,以拓宽学生的视野。

此外,学校还与上海市社联合作,邀请高校专家进行了红色大讲堂的活动,邀请上海社科院国际问题研究所王健所长做"百年变局下的中美关系"讲座、上海师范大学苏智良教授做"上海:初心之地"讲座、上海大学胡申生教授做"百年学府"讲座。学校结合读书节、科技节,邀请华东师大中文系方笑一教授做"江南的诗与画"讲座、上海师范大学詹丹教授做"红楼梦从通读到读通"讲座,还邀请政府、企业、科研院所、新媒体、创业等诸多领域的杰出代表与学生直面、对话、交流,引导学生在认识专业、体验职业的过程中,感悟工匠精神与家国情怀。在艺术节活动中,学校增设了红色朗诵、主旋律歌曲合唱、主旋律电影配音等活动,并为不能来校的家长、学生提供线上直播,拓展了学生的学习时空。学校还将社会实践搬入校园,与中共一大会址纪念馆合作,将文物"请进"校园,进行课题研究的指导,并采取线上直播的方式,扩大学校红色学习活动的影响力。每学期学校还带领学生参观财大、上大、应技大等高校,领略财会管理类、科技工程类、人文社科类专业、自然科学类专业的情况,帮助他们提早进行专业选择。在"移动红色书院"建设的过程中,学校逐步优化了"课程—文化—活动—实践—管理—协同"六大育人方式,在抓住课堂主阵地的同时,为学生提供了"看中学—听中学—论中学—研中学"的多元学习体验,引导学生在学、思、践、悟的过程中铸牢理想信念,形成了全方位育人的新场域。

第三节 维度创新：聚焦学生生涯发展

高中阶段，是学生学业发展和人生抉择的重要阶段，也是生涯发展的关键时期，学校通过整合校内外各方资源，多维度地对生涯教育开展实践探究，帮助学生在充分认识自我和环境的基础上，明确生涯发展方向，提高生涯规划能力，最终获得学业的成功和做好未来事业的准备。

在这一基础上，学校逐步打造了具有学校特色的德育课程生涯发展体系，由专题教育、实践体验、兴趣特长及学科德育四大类课程组成，通过各类具体的课程模式创设全方位的德育教学环境。（见表2.3.1）

表 2.3.1 六十中学德育课程生涯发展体系

课程模块	课程指向	课程内容（举例）	课程实施（举例）
专题教育课程	理想信念教育	"红色堡垒"课程 社会主义核心价值观教育	结合课堂教学、研究性学习、主题讲座、专题培训、节庆纪念日活动等，开展仪式学习、节庆学习、项目学习、整合学习等相关活动
	社会主义核心价值观教育	爱国主义教育；法制教育；诚信教育；文明礼仪教育；职业体验教育、大国工匠课程	
	中华优秀传统文化教育	中华传统美德教育 中华人文精神教育 传统节庆教育	
	生态文明教育	节能减排低碳教育 节约粮食教育 环境保护与绿色校园教育 垃圾分类与资源利用教育	

续 表

课程模块	课程指向	课程内容(举例)	课程实施(举例)
专题教育课程	心理健康教育	生命教育 生涯辅导	结合课堂教学、研究性学习、主题讲座、专题培训、节庆纪念日活动等,开展仪式学习、节庆学习、项目学习、整合学习等相关活动
	信息素养教育	网络理性教育 网络安全教育	
实践体验类课程	国防教育	国防知识学习 军事活动体验	利用主题教育基地资源、社区资源和场馆资源等,结合军训、农训、模拟体验,实践探索、志愿服务、参观学习等活动,开展体验学习、服务学习、场馆学习、研学旅行学习等相关活动
	"三农"教育	"三农"知识学习 农民生活体验	
	就业教育	职业技能学习 职业工种体验	
	社会服务	志愿服务培训 社会服务体验	
	协同教育	馆校结合先前知识学习 馆校结合参观探究体验	
兴趣特长类课程	校园主题节庆活动（艺术节、体育节、读书节、科技节）	体育健身 艺术陶冶 文化阅读 科学探究	结合校园主题节(体育节、艺术节、读书节、科技节),并充分发挥学校团队、学生社团的优势,开展赛事学习、问题学习、创客学习、社团学习等相关活动
	社团活动	文学艺术 科学技术 运动竞技 实践感悟 兴趣开发	
学科德育课程	思政、语文、历史、地理、艺术、体育、通用技术、物理等必修科目	各学科课程标准中要求的必备品格	课堂教学 研究报告 实验项目 社会调查 实践体验项目 等等

一、以专题为导向的认知学习

学校通过以专题为导向的认知学习,帮助学生明确自己的学科潜质,加强对高校、专业、社会职业的了解,增进学科选择和专业选择的科学性与合理性。学习内容主要包括以课堂为主阵地的主题课和各项资源整合后的系列认知教育活动。主题课的内容包括高一的自我认知课、高二的生涯管理课、高三的大学与专业认知课,从高一到高三全方位促进学生的生涯认知。

二、以课堂为重点的学科融合

高考改革对学生生涯发展提出了新的要求,即更多地强调学生的自主性。因此,如何将学生从外在的考试压力动机转变为内在的兴趣、意义动机,如何将学生从升学成绩目标转变为人生价值目标,是学校一直在探索的问题。学校通过给学生提供丰富优质的学习经验,特别是帮助学生了解认识目前的学科学习和未来生涯发展的关联与影响,从而激发学生对学科学习的兴趣。学科课堂也是生涯教育的主阵地之一。

学校发掘"上大遗址墙""青云广场遗址"等校史资源,以及宝山路街道的红色历史文化资源,抓牢班会课、团课、思政课、历史课、拓展与研究课、升旗仪式、学生课外实践活动、夏令营、冬令营、社团等主阵地,结合"双新"推进、德育精品课的评选与静安学术季主题班会的展示,做强、做大"移动红色书院"课程。鼓励年轻教师围绕这一内容进行区公开主题班会,鼓励思政、语文、历史、地理、艺术等学科围绕这一内容参与上海市德育精品课的评选。同时,继续结合思政、历史等学科开展了"走进人大"、政协模拟提案、模拟联合国等活动,并深化与上海大学等高校的合作,开展联合团课及文化寻根、生态保护、基层治理寻访、乡村志愿服务等联合实践活动。

三、以实践为中心的体验活动

通过职业访谈活动,帮助学生了解职业的人文背景、工作环境、生活方式、收获、发展空间、行业趋势、求职市场等信息，在充分认知的基础上，鼓励学生根据自己的特点进行职业模拟和职业体验活动，同时带领学生走进各种大学及社会机构，为学生提供最直观的体验场所。通过这些实践体验机制，为学生创造亲身参与、体验的情境，使学生在直接经验基础上建立起对生涯发展尽可能真实的认识。

四、以个人为主体的辅导机制

通过给每个学生建立"生涯成长档案"，将生涯发展的动态变化呈现出来，从而形成个性化档案；同时，整合各方资源建立"生涯导师"机制，给学生配备生涯导师，围绕生涯规划、价值观等方面内容，给学生提供指引、情绪支持及榜样作用。

第四节 特色创新：打造移动红色书院

学校在原有的"红色堡垒"课程的基础上，结合新时代的教育背景与学生学习需求，深度建设"新时代背景下移动的红色书院"课程项目。该项目以习近平新时代中国特色社会主义思想为指导，在全社会深入学习"四史"的大背景下，以培育能应对世界大变局的时代新人为宗旨，以培养学生的家国情怀、责任担当，以及解决现实生活问题的能力为目标，探索、建立并完善指向中学生核心素养培育的理想信念教育新路径。项目采用建立规章制度、深挖红色资源、订立细化项目、设计相关课程、培育一流师资、关注学生体验、加强过程管理、探索评价方式等具体策略，逐步形成可复制、可推广的红色书院学习机制，并逐渐发展成为一门在市、区有一定辐射力的特色课程。

新时代背景下移动的红色书院项目在学校丰富的红色校史资源的基础上，进一步结合时政热点，将整个项目课程分为"红色中国"学科融合课程、红色研学实践活动、红色经典今读、理想信念教育、课题研究与校史追寻等具体模块实施相应的教学活动，并在实际的教学探索中摸索出具体的分阶段推进内容。

一、建立领导小组与实施小组

基于项目成立由"家—校—社"力量共同组成的领导小组，以及由校内外研究、教学、技术保障等力量组成的实施小组，召开共建会议，研讨实施的具体目标、各自承担的职责、工作节点与预期成果。

二、专家研讨论证与完善方案

根据项目实施需求,分别邀请德育课程与红色理论研究、教学方面的专家,对实施方案的可行性、科学性、前瞻性等进行研讨、论证,对政治站位与意识形态问题进行把关,并邀请场馆、高校等社会力量合作参与项目实施。

三、推进线下内容模块的建设

成立红色经典导读沙龙:聘请校内外相关学科教师导读国内外红色名著,定期以社团形式开展活动,成员主要由学生会、团委与入团积极分子组成,每月举行读书交流分享、纪录片与电影选介,并利用午间广播对全校师生进行宣讲。

推进"仲澥"讲坛活动:"仲澥"为红色上大教务长邓中夏的字,结合学生"四史"学习系列活动、读书节、拓展课等邀请高校社科名家开设讲座,并由上海大学开天辟地课程的主讲专家在拓展课或班会课时间送教上门。结合纪念节日总体规划理想信念教育的主题与内容,通过升旗仪式、主题班会等形式开展活动。

四、进行"红色中国"学科融合课程开发

以学科融合方式,组织语文、政治、历史、地理、艺术等学科,或校内学有专长或感兴趣的老师进行跨学科课程开发,同时引入上海大学、静安区档案馆、党的三大后中央局机关遗址等高校、场馆的力量进行指导、带教,形成具体的课程实施方案,并利用高一拓展课进行试选、试教。

五、利用校内外场馆建设线下学习空间

根据项目实施与学习的具体需要,科学合理利用各类校内外场地,积极建设适合多样化课程教学需求与学生学习发展的线下学习空间,包括校内如图书馆、校史馆、党团活动室、上海大学遗址墙等;校外如上海大学溯园、红色革命遗

址等。

六、拓宽线上学习资源空间建设立体网络

结合高校等社会力量开发建设课程专属线上学习云程序，将学习资料、课程内容、讲座视频、学生成果等进行数字化处理、上传，扩大该课程的社会影响力，拓宽学生的学习空间。

目前移动的红色书院项目已成为一张亮丽的名片。2020年在静安区政府的支持下，学校与上海大学签署了共建"红色联盟"的协议，这必将助推学校该项目的建设。2021年4月，静安区人大常委会科教文卫工委来校开展了"红色资源传承弘扬和保护利用"的专题调研，实地调研校园红色文化传承等方面工作，给予了肯定。2021年5月，第十八届上海教博会"话使命，谈育人"栏目中，笔者代表静安区分享了学校红色文化教育的德育特色课程。2021年6月，上海教育新闻网也对学校"红色堡垒"德育特色课程进行了专题报道，使得该课程在市、区的影响力进一步提升。而从学生层面来看，从2017年至今，十多名学生凭借理想信念类课题在上海市"进馆有益"微课题评选中获得一、二等奖，学校多次获得优秀组织奖。《由〈道德经〉观兴邦之责》等多篇文章入选上海市实验性示范性高中理想信念类征文比赛。

红色基因，是中华民族的宝贵财富，更是共和国的底色。理想指引人生方向，信念决定未来人生高度。学校将继续致力于推进"新时代背景下移动的红色书院"的开发与建设，让接过民族复兴大任的时代新人赓续先辈光荣，标定未来走向何方的使命航标，在红色文化浸润、学习中成为德智体美劳全面发展的社会主义建设者和接班人，也使学校的红色教育成为辐射市区、区域共享的红色文化品牌。

第五节　管理创新：完善学生综合评价

在教育综合改革的背景下，学校通过完善学生综合素质评价与创新管理方式提升育人实效，为学生的成才创造更适宜的外部环境。

一、夯实开放式德育管理

管理制度的合理性往往决定了具体教育政策能否顺利落地与实施。在德育工作上，学校在整体上采用了开放式的德育管理模式。学校成立了以党组织为核心的德育工作领导小组，由党总支、校长室统整学生处、课程与教学处、团委等各职能部门，通过思想教育引领、学科融合育人、家长建言献策、社会实践体验、学生自主管理等方面，形成开放式德育管理体系。通过修订班主任工作考核条例、完善班级常规管理综合评价、发挥社区作用、家校合作，探索开放的德育管理途径与方法。

高中学校德育工作的重点目标，在于引领青年学生坚定方向，以家国情怀托举时代使命，以责任担当肩负历史重任，将个人价值的实现汇入中华民族伟大复兴的滚滚洪流，将对中国梦的追寻投入敢于担当的切实行动。而在完成这一使命的过程中，学校是否拥有一支有着高学识、高能力、高素养的班主任队伍，将直接决定着是否能够培养出高中生应对时代挑战的坚定信念与健全人格，更影响着他们未来人生的发展方向[①]。

作为一所市实验性、示范性高中，学校长期坚持"成才教育"思想，不仅形成

---

① 常超. 我国中学生公民意识教育的时代意义与课程资源建设[J]. 课程·教材·教法，2012,32(09)：75-80.

了以常规教育为抓手,以文化浸润、生成、升华为途径,以培养人格健全、基础厚实、创新发展的现代公民,最终成为社会主义建设者和接班人为育人目标的德育工作特色,还努力培养一支为人师表、严谨求实、敢于创新的班主任队伍,他们以老带新,大胆实践,精细反思,科学求真,用一个个生动的案例记录着自己的所为、所思与所悟。班主任是德育师资队伍的主力,学校进一步完善对职初、骨干班主任的层级式培训研修坊,为班主任专业化发展赋能。职初班主任通过师徒带教,提升建班育人的胜任力与基本功。骨干班主任通过德育案例撰写、公开主题班会等活动,提升家庭教育、生涯教育的指导力。

二、完善综合性素质评价

对学生道德水平的综合评价制度,成为学校德育工作开展的主要特色之一。与智育等其他素养教育不同,德育往往在教育形式、教育成效、教育类别上有着与众不同的教育特性。这些教育特性都使得德育工作的评估难以像常规的智育教学一样单纯使用测试法予以评估[1]。建立一个多元化的学生综合素质评价机制显得尤为重要。为此,学校成立了以校长室、学生处、课程与教学处、年级组等人员组成的综评工作小组。依据《上海市普通高中学生综合素质评价实施办法(征求意见稿)》,编制了学校高中生综合素质评价实施办法,同时基于上海市学生社会实践信息电子平台记录的信息,对学校学生的社会实践情况进行了专题分析研究,以期更好落实"人格健全、基础厚实、创新发展的现代公民,最终成为社会主义建设者和接班人"的培养目标。

在具体的评价策略选取和评价方式采用中,学校以综合化的学生学分累进评价策略与进阶式的学生学分发展评价方法为落点,对学生综合素质的评价形成了科学具体的评估发展体系。此外,依据对学生创新精神和实践能力的要求,学校注重学生研究能力的培养,每一位学生根据自身需求可以自主选择一名教师作为导师,同时学校要求导师指导学生开展研究性学习,撰写研究论文,并将学生的优秀作品编辑成册等,使学生在自主课题研究的过程中掌握文献查阅、

---

[1] 熊孝梅. 中学生思想道德素质的实证研究[D]. 武汉:华中师范大学,2013.

实验分析、社会考察、人物访谈等研究方法,学生通过课题研究,规则意识与实践能力得到提升。学校还与第三方机构合作,通过专题讲座、实践寻访、完成寻访报告等活动,增加学生的职业体验,提升学生对未来继续学习深造的专业的认知。

第三章 基于"成才教育"的课程架构

课程,是践行办学思想的重要载体,也是培育学生仰望星空、脚踏实地的广袤沃土。课程的设计与实施背后承载着教育工作者对学生进步发展、成人成才的期望,其本身也是学校与教师教育理念和目标的实践载体。

完善的课程群及其架构离不开科学教育理念的支撑。在六十中学,正是基于"成才教育"思想的课程架构指导着学校及其教师队伍在育人工作上稳步前行。"成才教育"主张:普通高中应该以高中学生人人都有成才的愿望和潜能为立足点,努力创设适合不同天资学生需要的丰富多样的课程,使学生形成自觉的成才意识,为全体学生打好共同而必需的基础,使每个学生的潜能和特长都能得到培养和发挥,从而帮助学生做好将来在不同方向成才的准备。

自20世纪90年代起,学校以培养学生自觉的成才意识和健全人格为目标,大力推进课程教学改革,重视校本课程建设,充分利用信息技术与课堂教学的整合,实现教学手段的现代化,形成了学生自主选择的开放型课程体系。"十三五"期间,学校提出了"为每一个学生成才提供丰富多样的学习图景"的课程理念,构建了"全景式课程"体系。

进入"十四五",学校在"新课程""新教材"全面实施的背景下,进一步提出了"让每个人全面而有个性地发展"的办学新追求。学校顺应时代发展需求,积极开展课程与教学改革,改变现有育人模式,致力于培养德智体美劳全面发展的新时代社会主义建设者和接班人。

在"成才教育"思想引领下,基于以上的基础,学校持续完善了框架体系,形成了"全景式课程"的2.0版,在确保高质量、创造性实施国家课程的基础上,结合学校实际和学生个性化发展需求,积极开发并有效实施校本课程,全力打造"五育并举、素养本位"的学校特色创新育人模式,促使课程建设迈上新的台阶。

第一节 学校课程基础

"成才教育"的不断推进,为学校课程建设持续注入活力,奠定了富有思想和内涵的课程基础。

一、学校课程建设的优势

1. "成才教育"思想不断深化与完善

在30年的改革实践中,学校形成了"成才教育"思想,从20世纪90年代初到21世纪初,再进入新时代,从"不求人人升学、但求人人成才"到"一切为了学生成才",再到"造就多元人才,和谐全面发展","成才教育"思想以时代和社会发展为轴心,以学生成长和发展为核心,以优质高中建设为重心,其内涵和外延得到了极大拓展。

在新形势下,学校把"让每个人全面而有个性地发展"作为"十四五"期间的办学新追求。学校主张:学校教育既要贴合当下与未来社会发展需求,也要满足学生个性发展需要。学校要立足国情,通过丰富广泛的课程与活动,创设适合学生的生命成长环境,指导学生在学习与实践中知道国家和社会对人才的要求,了解自身的个性和潜质,选择适合的发展方向,使得学生个性得以发展、灵性得以启迪、社会性得以培养,具备适应终身发展和社会发展的正确价值观、必备品格和关键能力,从而成为德智体美劳全面发展的社会主义建设者和接班人[①]。

---

① 张驰,王燕. 习近平关于新时代青年成长成才教育观要论[J]. 湖北社会科学,2018,382(10):165-170.

2. 学校课程建设不断探索与推进

在"成才教育"思想引领下,学校课程建设工作在数十年内不断持续探索与推进。根据不同时期的办学要求与时代变革下的学生成长发展需求,学校课程体系在围绕国家课程教学的主体工作任务中不断发展和创新,从以"不求人人升学、但求人人成才"为宗旨的学校课程开发与建设为基础,不断发展具有"六十中学特色"的课程教学模式。将学生成长需求、发展需要、升学要求与学校课程内容体系相结合,推进以国家课程教学为主体支点,以校本课程建设为辅助特色的学校课程体系建设。

至"十三五"期间,学校依据"成才教育"思想,基于丰富的教育教学内容,结合教育综合改革的要求及新高考改革的方向,提出了"为每一个学生成才提供丰富多样的学习图景"的课程理念,构建"全景式课程"体系,由学科"1+X"课程群、专题教育类、兴趣特长类、实践体验类四大板块构成。通过课堂教学、校园活动和社会实践三个途径,构成立体的、层层扩大的、连通的同心教育链,通过"家—校—社"育人资源协调和"课内课外、校内校外、线上线下"的途径,将立德树人全方位地融入学生的学习和生活中,初显成效。为了适应基础教育改革和未来发展的需要,学校着眼于学生的个性成长需求和终身发展,分别成立了学生生涯发展指导中心和创新实验中心,合力打造独具学校特色的创新育人模式。

3. 教师课程素养不断提升与完备

学校拥有一支师德高尚、业务精良、结构合理的师资队伍,教师具备先进的教育理念、扎实的学科素养、科学的教学方法和多样化的教学手段。

学校不断鼓励教师参与各类课程培训,通过主体探究、行动研究等途径来提升课程素养。广大教师在经历了两次课改、新高考改革、"双新"实施等教育变革的实践后,其课程素养得以提升与完备,表现为:教师对课程的认识越来越深刻并走入前沿,课程意识不断增强;在教学实践中以课程为核心,能够科学系统地认识课程、解读课程知识;同时,还能够在规范组织课程实施的基础上,依托新的《课程标准》,积极开发与创新,形成了一大批在各个时期发展阶段都有一定影响力的校本课程。

二、学校课程建设的梳理

1. 课程建设与教育改革相适应

2017年,教育部颁布了全新的《普通高中课程方案》。2019年,国务院办公厅在《关于新时代推进普通高中育人方式改革的指导意见》中指出:到2022年,普通高中新课程、新教材全面实施,"双新"实施以"学生发展核心素养"和"中学生学科核心素养"为主线。这标志着:"上海课改"走向了"国家课改","上海三类课程"走向了"国家三类课程";育人目标从重视学生的"阶段性发展"转为重视"终身发展",从关注"学生需求"转为兼顾关注"时代与社会需求"。另外,课程的结构、设置、内容和实施路径等方面也发生了一系列的变化[①]。

在此背景下,学校必须基于教育综合改革的要求,根据"五育并举"的育人精神,以"学科核心素养"的培养为目标,结合丰富的课程资源和实施经验,进行新一轮课程建设的探索,助力学生提升面向未来社会的胜任力,为学生全面而有个性地发展提供有力支持。

2. 课程建设与学生发展相匹配

学生对学校"十三五"期间"全景式课程"实施的评估结果反馈,我校课程对于健康生活、实践创新与科学精神三个素养的提升效果还稍显薄弱。部分学生认为校本课程中学科延伸类课程占比较高,而聚焦学生志趣、侧重学生实践探究的生活技能类课程、尖端技术类课程、理想信念类课程、艺术体育类课程、生涯规划类课程的数量较少,质量也有待进一步提升,学生还有个体发展面向未来社会胜任力培养的需求。

基于此,学校以上海市推进普通高中"双新"实施为契机,在课程建设中,将聚焦如何激发学生兴趣爱好、如何深度挖掘学生潜能等要素,增加学生课程的选择,提升学生课程学习的获得感,以满足学生更为广泛、兼顾个性的需求,培育学生面对未来社会所需的胜任力。学校还将通过与高校、科研院所、兄弟高中等校外力量合作,为学生创设更多解决真实世界中问题和案例的学习情境,进一步拓

---

① 丁奕,林琦."双新"背景下学科教与学的变革路向[J]. 上海教育科研,2022,417(02): 82-87.

宽学生学术视野,提升学生的学术素养。

3. **课程建设与课程体系相衔接**

通过对"十三五"期间"全景式课程"体系的全面评估,学校发现以下三方面还需要继续完善与改进:一是课程架构还需要更科学完善,如"四叶草"结构与课程设置之间出现失衡、课程内容与育人目标之间的关联性不够等。二是国家课程在促进学生发展中的重大价值与意义还须进一步凸显。要基于《普通高中课程方案(2017年版2020年修订)》与高中各学科课程标准,聚焦核心素养提升,优化课程规划与结构,开展单元教学与深度学习,高质量、创造性地实施国家课程,推动课堂教学与评价的转变。同时,也要关注学生个性化需求,多元化打造并有效实施校本课程。三是校本课程的系统性与综合性还有待加强,既要注重夯实基础知识、联系实际生活、启发创新思维、提高综合素质等逐层深入的能力提升,又要探寻学科之间的共性规律,加强学科之间融会贯通的横向迁移,从而使得学生的知识体系具有系统性和综合性。

4. **课程建设与资源开发相配套**

课程资源的开发与利用是学校须长期坚持的重要工作,一是要认识到课程资源犹如清泉,用心挖掘方能水流不尽;二是要让课程资源有效地为教学服务,要贴近学生、贴近生活、贴近实际。学校90年的历史底蕴、文化传承,近30年的改革历程、改革成果,均是课程建设中的宝贵资源。同时,课程资源也是在不断充实、丰富的,近几年学校的课程资源在实践中不断积累,形成了较为完备的课程资源库。但是,教师对课程资源还需要进行个性化、与时俱进的处理,要有选择性地接纳、科学性地吸收、创造性地使用。教师在开发和利用课程资源过程中,要根据教学目标的需要,不断丰富和拓展课程资源,开发与利用有助于教学活动的一切课程资源。

第二节 学校课程理念

"成才教育"思想,为学校课程理念提供了根本遵循。学校课程理念是"成才教育"的具体化和演绎化。

一、学校课程理念的审视

依据"成才教育"思想,学校提出"构建全景式课程,为每一个学生成才提供丰富多样的学习图景,让每个人全面而有个性地发展"的课程理念,以期在高中国家课程的基础上,建设一系列满足学生个性化学习需求、培养学生多元化素养的校本课程,并建构系统化、体系化的学校课程教学机制,从而真正实现在现有高中教学体系中落实"成才教育"的育人目标[①]。

对于学校而言,这样的课程理念在具体的落实过程中,并不仅仅是开设几门学生喜欢或考试要求的校本课程这样简单,其核心要点在于将课程理念落实在学校教育的方方面面当中。搭建以学校领导层为引领,以各年级组、学科组及一线教师为主导,以全景式课程教学实施为抓手,以各级各个学生为主体的课程教学体系,将每一项、每一类校本课程的开发、建设、实施、创新、评价、改组或取消等工作,都设置相应的负责人员、步骤流程、考核机制及监督体系,以确保课程建设的严谨性、必要性与科学性。理念的落实保障了校本课程及其课程群的建设并非"花架子""走过场""迎口号",而是真正为高质量、长效化培养学生个性化发展而服务。

---

① 王晓虹,赵翀. 关于"全景式课程"建设的思考与实践[J]. 现代教学,2017,381,382(Z3):54-55.

二、学校课程理念的内涵

"构建全景式课程,为每一个学生成才提供丰富多样的学习图景,让每个人全面而有个性地发展"的课程理念,具有丰富而又具体的内涵。

"全景式课程"的"全"主要体现在以下几方面:全人聚焦,就是在"五育并举"的背景下培育德智体美劳全面发展的人;全程关注,就是以三年的高中教育奠定一生的发展基础;全员参与,就是凝聚学校、家庭、社会力量,共同发挥教育功能;全息设计,就是创设"课内课外、校内校外、线上线下"三个维度的课程。

"全景式课程",是学校提供的富有奠基性、营养性、全面性的教育内容,是以课程形式展现的教育资源,适用于每一个学生,是普惠性的共同课程。这样的课程,其实是学生展开成才发展的学习图景。而让每个人全面而有个性地发展,指明了课程的价值、意义和功能。

课程理念,一如既往地蕴含了"成才教育"的思想内核,体现了以学生发展为本的教育定位,彰显了学校成人成才的特色打造。

第三节 学校课程目标

"成才教育"思想,决定了学校课程目标的指向。学校课程目标,是"成才教育"思想在课程领域中的折射。

一、学校课程目标的依据

学校课程目标的确定,来自党和国家的教育方针的规定性,德智体美劳全面发展是课程目标的定海神针。

学校课程目标的确定,来自社会主义教育的宗旨和根本任务的规定性,立德树人、核心素养培育是课程目标的基本范畴。

学校课程目标的确定,来自学校优质发展和特色育人的规定性,"成才教育"是课程目标的标配。

二、学校课程目标的指向

在学校办学目标与育人目标的指导下,学校逐渐建立了以持续完善"全景式课程"体系为核心,以高质量课程教学为落点,以科学化课程实施评价机制为保障的学校课程目标,表现为以下三点:

1. 构建学校"全景式课程"育人体系,聚焦三个发展维度(人格健全、基础厚实、创新发展)和六个发展特质(爱国明礼、高雅乐群、人文浸润、科学启智、勤于实践、勇于探索),突出德育实效,提升智育水平,强化体育锻炼,增强美育熏陶,加强劳动教育,使学生成为人格健全、基础厚实、创新发展的现代公民。

2. 关注教学的全过程优化，深化"三问"教学法研究与实践，高质量、创造性实施国家课程。整合学校、家庭、社会等各类资源，通过课内课外、校内校外、线上线下等途径，多元化打造并有效实施校本课程。

3. 建立包括多维诊断与评估、实时跟踪与调控等环节的课程实施评价机制。全面尝试学分制的评价管理，以量化分值的方式记录学生在相应课程领域的成长经历及达到的发展程度。定期以问卷、访谈等形式对课程实施情况加以分析、评估与改进。

第四节 学校课程框架

"成才教育"思想,是学校课程框架的主心骨。学校课程框架,充分释放"成才教育"思想的光量和能量。

一、国家课程设置

"全景式课程"以"让每个人全面而有个性地发展"办学理念为指导,以"人格健全、基础厚实、创新发展"为三个发展维度,以"爱国明礼、高雅乐群、人文浸润、科学启智、勤于实践、勇于探索"为六个发展特质,以国家课程和校本课程为践行办学理念、实现育人目标的重要载体。"全景式课程"结构如图3.4.1。

按照《普通高中课程方案》(2017年版2020年修订),普通高中课程由必修、选择性必修、选修三类课程构成。其中,必修、选择性必修为国家课程,选修为校

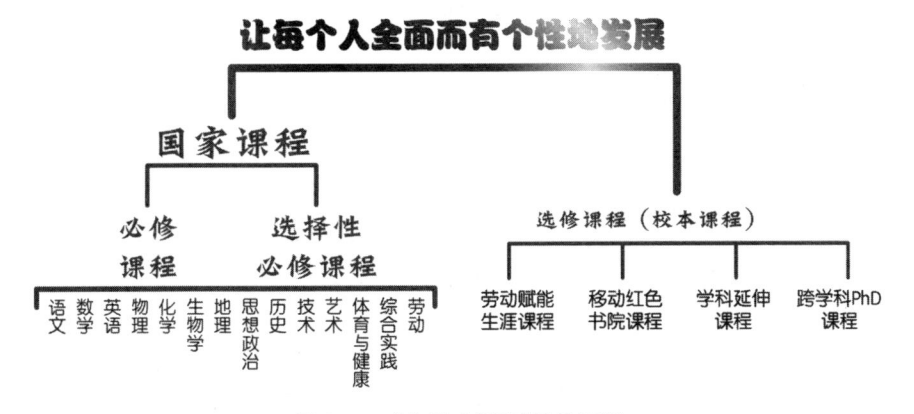

图3.4.1 "全景式课程"结构图谱

本课程。必修课程,由国家根据学生全面发展需要设置,所有学生必须全部修习;选择性必修课程,由国家根据学生个性发展和升学考试需要设置;选修课程,由学校根据《普通高中课程方案》(2017年版2020年修订),结合学生个性化需求和学校办学特色开发设置,学生自主选择修习。

学校根据《普通高中课程方案》(2017年版2020年修订),对高中三个年级的课程进行了统筹与安排,结合各年级的实际情况,开齐开足各类课程,如语文、数学、外语、思想政治、历史、地理、物理、化学、生物学、技术(含信息技术和通用技术)、艺术(或音乐、美术)、体育与健康科目和综合实践活动、劳动等课程,并设置相应学分。具体内容如表3.4.1。

表 3.4.1 上海市第六十中学必修课程、选择性必修课程学分安排表

科　　目	必修学分	选择性必修学分
语文	8	6
数学	8	6
外语	6	6
思想政治	6	6
历史	4	4
地理	4	4
物理	6	6
化学	4	4
生物学	4	4
技术(含信息技术和通用技术)	6	4
艺术(或音乐、美术)	6	6
体育与健康	12	8
综合实践	8	
劳动	6	
合计	88	64

二、校本课程设置

为了践行学校"成才教育"思想,落实"让每一个人全面而有个性地发展"的办学理念,学校打造并实施校本课程,最大限度地为学生提供品德养成和人格健全、认知发展和潜能开发、艺术修养和体育健身、动手操作和社会实践等方面的体悟经历,使课程成为学生成才的重要载体,为学生成为德智体美劳全面发展的社会主义建设者和接班人奠基。

校本课程以"学生面向未来社会的胜任力培养"为主题,包括基于学科核心素养培养的"学科延伸课程"、基于理想信念培养的"移动红色书院课程"、基于学生生涯发展的"劳动赋能生涯成长课程"、基于创新素质培养的"跨学科 PhD 课程"等。校本课程学分安排如表 3.4.2,校本课程图谱如图 3.4.2。

表 3.4.2 上海市第六十中学选修课程学分安排表

科目	语文	数学	英语	思想政治	历史	地理	物理
学分	2	2	2	2	2	2	2
科目	化学	生物学	技术	艺术	体育与健康	综合实践	劳动
学分	2	2		2	2		

1. 基于学科核心素养培养的"学科延伸课程"

为全面贯彻党的教育方针、落实立德树人根本任务、全面实施素质教育,学校根据《普通高中课程方案》(2017 年版 2020 年修订),开发校本"学科延伸课程"。"学科延伸课程"以学科核心素养为依据,以学生的学习水平为基础,以学生的学习力、实践力培养为目标,以多元化、分层次、重体验、重实践为原则,依照学生的实际情况及发展规律,将课程

图 3.4.2 校本课程图谱

的内容进行统整分类,形成横向分层、纵向多元的丰富内容。

在开发过程中,学校要求教师注重建立核心素养与实施课程教学的内在联系,遵循学生发展的规律,将课程内容以初阶、中阶、高阶进行划分。其中,初阶课程注重培养学生养成勤于动脑的学习习惯,激发学生对各学科的兴趣,拓宽学生的知识面;中阶课程注重引导学生理论联系实际,提出问题、探究问题,学习并发展将所学知识与技能运用于解决现实生活中问题的能力;高阶课程注重启发学生在实践中发展自我,在创新中提升能力,培养创造性及批判性思维,并能将科学的思想、良好的习惯运用到学习生活之中。

"学科延伸课程"基于各学科本质,明确学生学习该课程后应达成的学科核心素养,彰显了学科独特的育人价值。具体内容如表3.4.3,课程图谱如图3.4.3。

表3.4.3 学科延伸课程

学科	内容分类	初阶内容	中阶内容	高阶内容
语文	智慧阅读	外国经典短篇小说选读;孔孟今读	中国文学拓展阅读	中西文学作品比较
	从容表达	诗词朗诵	主题演讲	机智辩论;新闻采访与写作
	雅致人文	唐之韵 宋之韵	走近大师	探寻海派文化之邂逅上海;青年文化现象解读
数学	教材中的数学文化	代数中的数学文化	图形中的数学文化	数学之美(数学与艺术)
	数学史	中外数学家的故事	数学史上的三次危机	数学史与数学思想演进举例
	生活中的数学	与教材有关的应用问题的研究	生活中应用问题的调研分析	数学问题的模拟建模
英语	趣味英语	生活中的趣味英语	英语歌曲赏析	英语影视赏析
	英语原版阅读	牛津书虫系列小说四级阅读	牛津书虫系列小说五级阅读	报章时文与科技英语阅读

续表

学科	内容分类	初阶内容	中阶内容	高阶内容
英语	英语文化	走遍美国	英语国家节日与风俗	英语国家文化遗产
	英语听说	英语语音与朗读	BBC与VOA英语慢速广播	BBC与VOA常速英语广播
物理	高中物理知识和方法的深化与拓展	高中物理力学知识深化和思维拓展	高中物理电磁学知识深化和思维拓展	高中物理力电综合思维拓展及综合应用
	高中物理拓展实验的设计与实践	走进物理实验	重温经典实验	我是科学家
化学	探秘化学实验	走进化学实验室	Yi堂化学课	"数字化实验"的设计
	化学与环境	PM2.5与空气质量	空气净化实验的设计与探究	化学与环境保护
	化学与生活	"化学眼"——认识生活中的物质	"化学眼"——探究生活中的化学变化	"化学眼"——探秘化学改变生活的理念
生物	生活中的微生物	微生物的分类	微生物的观察	微生物的应用
	基因与遗传病	遗传规律细胞学基础	常见家族遗传病探究	遗传假说与基因补偿效应
地理	"彪"行天下	旅游景观鉴赏	旅游研学路线设计	研学旅行在路上
	谁在世界中心	趣味看世界	走遍"一带一路"	大国崛起背后的地理
	地理语言	传统地图应用	3S技术及运用	MapInfo、Arcgis制图
	生活大地理	地理与化学	地理与生物	地理与生态环境

续 表

学科	内容分类	初阶内容	中阶内容	高阶内容
政治	中国古代哲学的智慧	走近中国古代哲学家	走进中国古代哲学	践行先哲的足迹
	生活中的法律常识	走进生活中的法律	做守法的公民	我与司法机关面对面
	社会调查	调查问卷的编写与制作	调查问卷数据分析方法	调查报告撰写指导
历史	中西文化溯源	古典文化	西方近代思想解放	儒家文化
	社会历史变迁	中西历史变迁之滥觞	近代中国社会的新陈代谢	现代世界的形成
	大国历史之管窥	农业文明时代之大国	工业文明时代之大国	国际组织与大国多边关系
信息	VB程序设计	VB程序设计基础篇	VB程序设计提高篇	VB程序设计应用篇
	慧鱼机器人	慧鱼机器人程序设计	慧鱼机器人高级程序设计	
	Edius视频制作	Edius视频制作基础篇	Edius视频制作进阶篇	
劳技	设计与制作	三维建模基础	产品创新设计	3D打印与模型制作
艺术与体育	绘画雕塑欣赏及实践	绘画欣赏初级	绘画欣赏中级	绘画欣赏高级
	音乐欣赏	流行音乐欣赏及创作	民族音乐欣赏	古典音乐鉴赏
	篮球训练与比赛	基本功,如传球、运球和投篮等	基本配合,如两三个人之间的简单配合	整体配合(包括进攻、防守),强侧与弱侧和篮球规则等

续 表

学科	内容分类	初阶内容	中阶内容	高阶内容
艺术与体育	足球	足球个人技术	3对3、5对5配合战术	整体攻防演练与配合
	棒球	传接球技术与防守	击球、进攻配合	整体进攻与防守
	桥牌	Sayc桥牌基本打法	约定叫、高级打法	防御叫牌、规则、裁判法
	围棋	围棋初级	围棋中级	围棋高级
	国际象棋	国际象棋初级	国际象棋中级	国际象棋高级

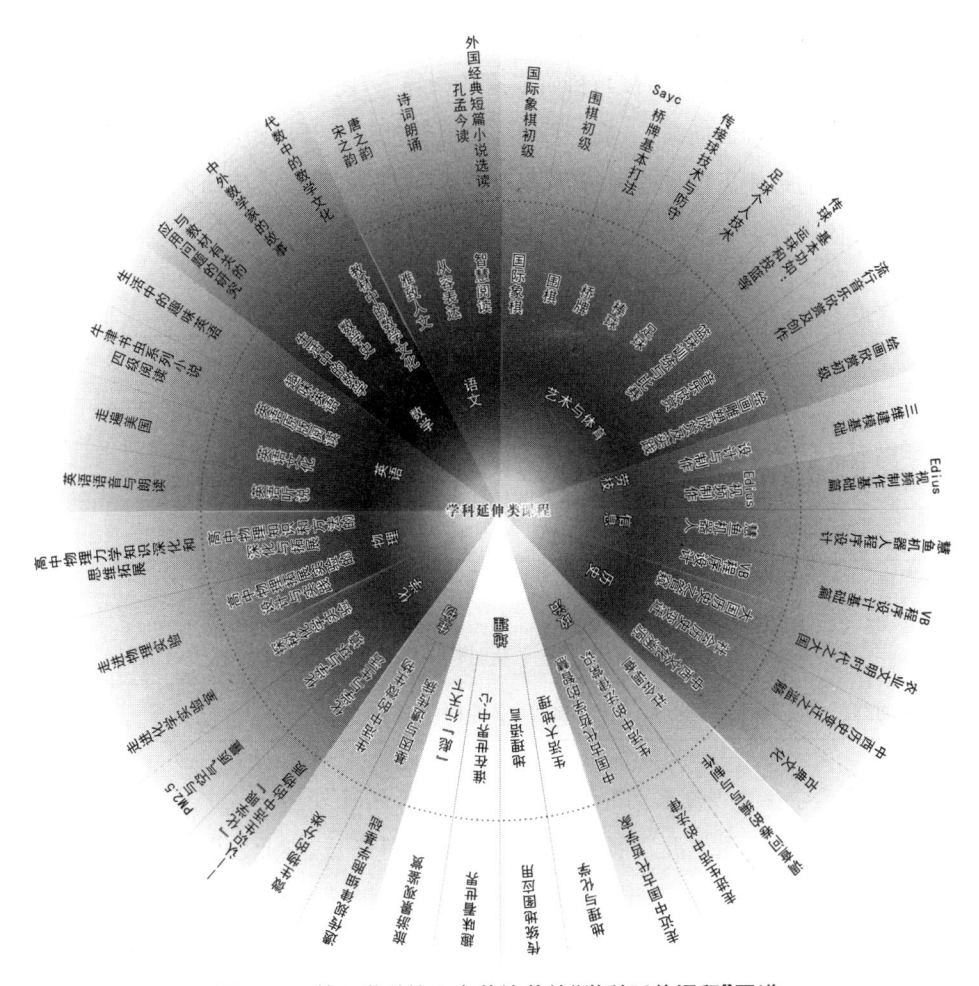

图 3.4.3 基于学科核心素养培养的"学科延伸课程"图谱

2. 基于理想信念培养的"移动红色书院课程"

"十四五"期间,学校升级原有的德育校本课程——红色堡垒,打造基于理想信念培养的"移动红色书院课程",使其成为一门在市、区有一定影响力的特色课程。该课程以习近平新时代中国特色社会主义思想为引领,在充分挖掘学校红色资源的基础上,融合高校、社科研究机构与场馆的红色资源,通过"课内课外、校内校外、线上线下"红色学习时空建设,为学生提供红色文化的学习场域。

课程分为初、中、高三个层阶,由学生处统一规划,由政治、历史、地理教研组与上海大学马克思主义学院共同开发并组织相关学习活动。初阶课程面向高一、高二学生,围绕校史、党史、时政内容进行跨学科学习,指导学生完成社会调查或研究报告。中阶课程面向高二、高三学生,围绕红色理论研习,融合人文社会科学的知识与方法,在高校与科研专家的指导下,使学生实现在理论研究方面的突破。高阶课程面向高二、高三学生,围绕红色研学开展跨学科项目研究,学生在导师团的带领下设计项目方案,分阶段完成任务,推动学生研究成果的现实转化。具体内容如表3.4.4,结构及主要课程如图3.4.4。

表 3.4.4 基于理想信念培养的"移动红色书院课程"

课程类型	课程名称
"移动红色书院"初阶课程	红色中国国情课程 校史今读课程 开天辟地课程 学校"青马"课程
"移动红色书院"中阶课程	红色名家讲坛课程 红色经典阅读课程 习近平新时代中国特色社会主义思想研习课程
"移动红色书院"高阶课程	红色研学课程

3. 基于学生生涯发展的"劳动赋能生涯成长课程"

高中阶段是学生生涯发展的关键时期,是个性形成、学业发展和人生抉择的重要阶段。教育部在2020年《大中小学劳动教育指导纲要(试行)》指出:高中注重围绕丰富职业体验,开展服务性劳动和生产劳动。基于国家政策要求和学生生涯发展需求,学校开展劳动教育课程,从劳动对于个人的生存价值、获得感价值和自我实现价值三个目标层级出发，建构"劳动赋能生涯成长课程"。

课程分为初、中、高三个层阶，旨在引导学生通过课程学习，成为具有劳动自立意识和主动服务他人、服务社会情怀的现代公民。初阶课程指导学生了解劳动、职业领域的历史发展、时代背景，掌握当今社会必备的劳动知识技能，树立正向的劳动价值观，了解自身的优势和不足，明确未来的发展方向。中阶课程鼓励学生参与劳动相关的实践体验活动，在实践中丰富个人的职业体验，提升个人的劳动实践能力，培育学生的劳动素养。高阶课程引领学生进行创造性的劳动，通过开展研究性学习充分发挥学生的优势潜能，进一步鼓励学生聚焦生涯发展方向提升个人的劳动素养。具体内容如表3.4.5，结构及主要课程如图3.4.5。

图 3.4.4 基于理想信念培养的"移动红色书院课程"图谱

表 3.4.5 基于学生生涯发展的"劳动赋能生涯成长课程"

课程类型	课程内容
"劳动赋能生涯成长"初阶课程	劳动、职业领域相关的历史发展、时代背景、基本知识素养、能力要求等认知类的内容
"劳动赋能生涯成长"中阶课程	劳动相关的实践体验活动
"劳动赋能生涯成长"高阶课程	以智力劳动和劳动创新为主，开展研究性学习

4. 基于创新素质培养的"跨学科 PhD 课程"

PhD 为 Doctor of Philosophy"博士学位"的英文缩写，而作为学校的一门特色课程，具体指的是：依托创新空间，融合跨学科学习方式，实践创新育人模式，为学生养成全面人格，培育科创能力，提升人文底蕴，拓展国际视野而量身定制的"肇和博士培养计划"。

"跨学科 PhD 课程"围绕人文社科、理工科创两大类别，金融、语言文化、创客、人工智能、环境分析与资源利用、结构工程六小分支，呈现出学科融合、层次

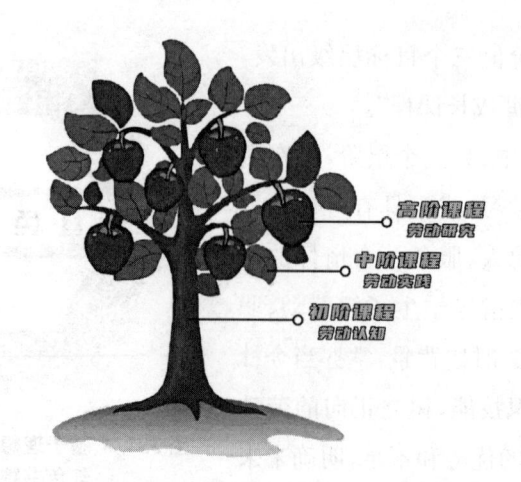

图 3.4.5 基于学生生涯发展的"劳动赋能生涯成长课程"图谱

分明、实践创新的课程特色,为学生全面而有个性地发展提供有利条件。课程与教学处下属的创新实验中心与各学科教研组具体负责课程的开发,所有课程经由教研组申报、专家团队审核、学生线上选课后正式实施。

　　课程分为初、中、高三个层阶。初阶课程由课程与教学处统一规划,由研拓教研组开发内容并组织开展相关课程与活动。中阶课程在跨学科初阶课程的基础上有所提高,融合各学科知识与方法,使学生的视野得以开阔,潜能得以挖掘,特长得以发展。高阶课程以各类科创竞赛为载体,开展跨学科项目研究。学生将通过一系列综合性探究活动提升学术素养与研究能力。(具体内容如表3.4.6,结构及主要课程如图3.4.6)。

表 3.4.6 基于创新素质培养的"跨学科 PhD 课程"

课程类型	课　程　名　称				
初阶课程	科学、人文素养培育课程				
中阶课程	理工科创	环境分析与资源利用(化学、生物学、地理)	创客(通用技术、物理、数学)	结构工程(数学、物理、通用技术)	人工智能(信息技术、数学、物理)
	人文社科	金融 (政治、历史、地理)		语言 (外语、艺术)	
高阶课程	青少年科技创新实践课程				

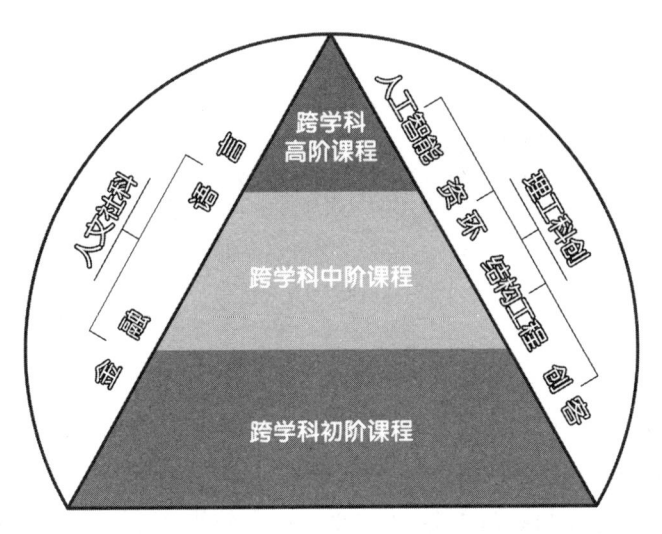

图 3.4.6 基于创新素质培养的"跨学科 PhD 课程"

第五节　学校课程实施

学校课程实施以党的教育方针为指引,以立德树人为根本任务,严格遵循教育规律和学生身心发展规律,以高质量、创造性实施国家课程和有效实施校本课程为目标,开展相关研究与实践,发展学生核心素养,使之成为德智体美劳全面发展的社会主义建设者和接班人。

一、国家课程的校本化实施

在国家课程实施的过程中,学校既要坚持正确的改革方向和先进的教育理念,以推进新时代普通高中育人方式改革为契机,深刻领悟"双新"改革精神,适应"双新"改革要求;还须结合自身特色、经验与资源,在继承中前行,在改革中完善。

1. 编制课程实施计划

学校根据《普通高中课程方案》(2017年版2020修订)相关要求,结合育人目标、学生特点和实际情况,制订满足学生发展需要的课程实施计划,开齐国家规定的各类课程,包括综合实践活动、劳动、技术(含信息技术和通用技术)、艺术(或音乐、美术)、体育与健康等课程;开足规定的课时,保证科目教学时间总量和学分的认定,确保国家课程的高质量、创造性实施。

2. 开展"单元教学"研究

学校组织各教研组深入领会普通高中课程改革要求,加强对新课标与新教材的研读,围绕学生核心素养落实,关注教学全过程优化,以"单元教学"研究深化"三问"教学实践。重点做好以下几项工作。

(1) 单元整合的课堂教学

探索指向学科核心素养落实的深度学习,关注以大观念、大任务和大问题为统摄的单元教学设计与实施,结合"三问"教学法中的第一、第二问(指向学情与目标、内容与方法),进一步总结教与学的规律和经验,由此编制新的学科建设方案,形成教学范式和学法指导策略。

(2) 素养取向的作业设计

以发展学生核心素养为导向,以课堂教学目标与学业质量标准等为依据,紧扣"三问"教学法中的第三问(指向反馈与评价)进行单元作业的整体设计。关注综合性长作业设计,强调合作性、自主性和开放性,同时不断探索跨学科学习的项目化作业设计,由此形成科学、系统、符合学生实际的学案。

(3) 整合各类资源

学校因地制宜,以集中与分散课时相结合的方式科学安排综合实践活动和劳动课程,发挥这两门课程在促进学生发展中的独特作用。学校结合校会、班会、党团课、升旗仪式、成人仪式、校园主题节(体育节、艺术节、读书节、科技节)等教育教学活动,发挥学校团队、学生社团的优势,开展主题讲座、专题培训、节庆纪念日活动等,进行仪式教育、节庆教育、项目学习等相关活动。充分利用主题教育基地资源、社区资源和场馆资源等,为学生提供实践探索、志愿服务、职业体验的机会。具体实施如表3.5.1。

表 3.5.1 综合实践活动与劳动课程

课程指向	课程内容(举例)	课程实施(举例)
社会主义核心价值观教育	国旗下讲话 法治讲堂 工匠精神课程	结合校会、班会、党团课、升旗仪式、成人仪式等,开展主题讲座、专题培训、节庆纪念日活动等,进行仪式学习、节庆学习、项目学习、整合学习等相关活动。
中华优秀传统文化教育	传统节庆教育 传统美德教育	
国家安全教育	国家安全系列主题学习活动 校园疏散演练	

续 表

课 程 指 向	课程内容(举例)	课程实施(举例)
校园主题节活动	体育健身 艺术陶冶 文化阅读 科学探究	结合校园主题节(体育节、艺术节、读书节、科技节),并充分发挥学校团队、学生社团的优势,开展赛事学习、问题学习、社团学习等相关活动。
社团活动	文学艺术 科学技术 运动竞技 实践感悟	
国防教育	国防知识学习 军事活动体验	利用主题教育基地资源、社区资源和场馆资源等,结合军训、农训、模拟体验、实践探索、志愿服务、参观学习等活动,开展体验学习、服务学习、场馆学习、研学旅行学习等相关活动。
"三农"教育	"三农"知识学习 农村劳动生活体验	
职业教育	职业技能学习体验 职业工种劳动体验	
社会服务	志愿服务劳动体验 社会服务劳动体验	

二、校本课程的个性化实施

校本课程的实施是"全景式课程"落地的重要途径,学校在校本课程的实施过程中始终关注学生个性化、多样化的学习和发展需求,促进学生的全面发展。

1. 实施流程

校本课程实施流程如图 3.5.1:

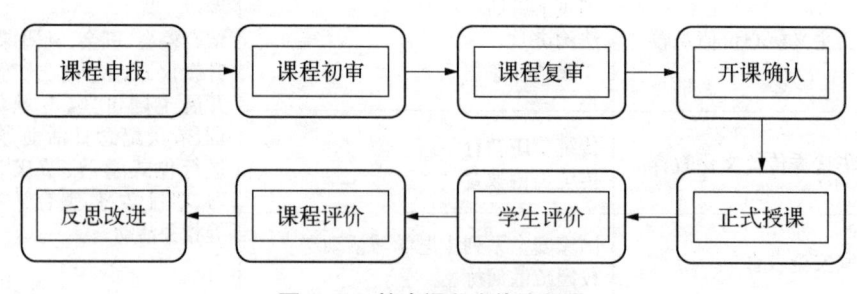

课程申报 → 课程初审 → 课程复审 → 开课确认 → 正式授课 → 学生评价 → 课程评价 → 反思改进

图 3.5.1 校本课程实施流程图

2. 资源建设

学校统筹各方力量，与兄弟学校、知名高校、科研院所、企事业单位共建育人机制，共享学习资源，同时不断拓宽学习空间，优化功能配置，创设课程实施的条件与环境。另外，学校不断充实、完善有利于促进教师和学生发展的校本材料，包括：微课视频、学案导学、练习系列、教学指南、学法指导等内容，形成既符合国家课程标准，又具有学校特色，满足学生学习与发展需求的校本资源库。

3. 管理要求

（1）课程的开设须体现开放性、综合性、选择性、创新性等特征。课程的授课应有明确的教学目标、可行的教学计划、充实的课堂内容，课程实施须有教案（每课一教案）、教学材料、课后作业等。

（2）课程的日常管理包括：须准时上、下课，实行明确的点名制度，杜绝任何随意缺课、换课现象的发生。加强专用实验室管理，注意节能环保，重视校园安全。

（3）教师须对学生的学习效果进行评价，评价方式包括学习效果自评、问卷调查、访谈、学生阶段性学习情况的反馈与评价等。

4. 学习路径

学校以学段贯通的项目化学习为抓手，采用线上线下、课内课外、校内校外三个维度相结合的学习路径，开展各类课程学习与活动，拓宽学生学习的广度、开掘学习的深度，使得学生的学习力、创造力、实践力和研究力得到充分发挥。课程按照初阶、中阶、高阶三个层阶的内容，分层实施，以此体现课程实施的针对性和连贯性。除此之外，课程采取多元的评价方式，以此全面了解课程、教师及学生的情况，及时调整学习内容、学习进度，不断优化课程的实施。

（1）基于学科核心素养培养的"学科延伸课程"

课程以学生的学习水平为基础，以学生的不同能力培养为目标，以多元化、多维度、重体验、重实践的原则，遵循学生的实际情况及发展规律，注重学生在实践中体悟、感知并获得知识。现阶段，学校的创新实验中心开展特定课程，引导学生在特定的情境中手脑并用，以此丰富学习体验，使得其在参与、体验、实践的过程中收获知识，在潜移默化中获得学科核心素养的提升。

(2) 基于理想信念培养的"移动红色书院课程"

课程关注学生兴趣特长、知识储备、能力水平等,给予学生足够的自主空间,引导学生选择适合自己的课程,围绕某个方向或具体项目展开深入的研究。在上海市社联、上海大学等校外力量的支持下,课程根据理论研究的前沿信息,定期更新教学的相关内容,并组织授课教师参加相关的培训与集体备课,使他们能及时更新自己的知识储备,提升自身的理论素养。同时,学校将邀请高校专家、学者参与授课,帮助学生了解红色文化研究的最新成果,引导学生进一步提升研究的深度与广度。

(3) 基于学生生涯发展的"劳动赋能生涯成长课程"

课程充分发挥支持和引导的作用,发挥生涯导师的引领示范作用,依据《上海市第六十中学生涯导师工作手册》对学生开展一对一的辅导工作,了解学生发展的需求并积极为学生提供必要的教育指导。课程定期以劳动教育讲座、职业分享沙龙、学长学姐开讲等形式展开,邀请不同专业领域的优秀人才进行职业分享和经验传授,旨在让学生形成科学合理的劳动认知,为学生树立良好的劳动榜样。

同时,全面开展劳动教育专项主题实践活动。学期中开展服务型劳动实践,让学生自主进行卫生管理、校园值周、垃圾分类等实践活动,从而培育学生良好的劳动技能;假期中开展职业体验活动,让学生走进不同的职业岗位进行志愿服务,从而丰富学生的劳动体验,培育学生的劳动素养;利用"植树节""科技节""读书节"等特定节日开展相关活动,营造良好的劳动教育氛围,启发学生的劳动创新意识。此外,课程贯穿学生整个高中生活,高一、高二、高三的劳动教育各有侧重点,每位学生也将通过生涯测评、过程记录、导师寄语等方式,形成自己的生涯成长档案,进一步强化劳动教育成果,提升学生劳动自觉。

(4) 基于创新素质培养的"跨学科 PhD 课程"

课程面向全体学生,围绕"如何写好开题报告"等主题开展基础培训,让每个学生都能建立起对于学术研究的基本认识,掌握研究性学习的基本方法;与此同时,课程面向资优生举办"六十精英论坛",邀请来自不同领域的专家、学者开设讲座,通过拓宽学生视野,丰富学生经历,充分挖掘其个性潜能,从而探索资优学生培育的方法与路径。对于能在规定时间内完成课程学习与课题研究任务,修习满规定学分,并且在校内答辩中表现优异,在市区级比赛中获得相关奖项的学生,经学校多方面综合评定,授予"肇和博士"荣誉称号。学校希望通过授予学位及荣誉称号的方式,让更多学生加入研究的行列,体验研究的乐趣与成就感。

三、学科建设的重点化落实

学科,是课程的主阵地。学校的学科教研组践行"成才教育"思想,落实"让每一个人全面而有个性地发展"办学理念,努力推进"双新"的实施。在"双新"实施的背景下,如何高质量、创造性地实施国家课程,如何基于学生个性发展需求有效开发与实施校本课程,是学校课程建设与教学实施的重要课题。

1. 以学科建设为基础的学校课程理念的落实

学科建设的科学性与规范性在于:由国家学科课程的落实引导出其学科延伸课程开发与实施的具体步骤方法,进而在这些目标、理念与成果的支持下,开展具体的国家课程高质量实施、校本课程群开发与实施的探索研究,体现学校学科教师团队的智慧与贡献。

在数十年的发展中,学校在语文、数学、英语、物理、化学、生物、思政、历史、地理、体育、音乐、美术、通用技术等10多门学科的建设中都形成了较为完备的学科发展体系和与之匹配的师资队伍,它们都在学校教育教学工作中扮演了重要角色。

在"全景式课程"的结构图谱中,能够直观地发现,在高质量实施国家课程的学校教学核心任务基础上,学校课程仍然可以在种类上存在多种多样的类型,而围绕学科建设和实施的具体的校本课程,则是整个课程体系在"让每个人全面而有个性地发展"的办学理念引导下的一大亮点。无论是由各学科的国家课程基础上直接延伸而来的学科延伸课程,还是类似于劳动赋能生涯成长课程、移动红色书院课程,这样的以单个/多个学科课程结合而来的校本课程,以学科主题为基础、以学科内容为延伸,运用学校现有学科教学资源落实学校特色课程体系建设,仍然是现有高中学校发展特色校本课程体系的重要可行策略[1]。其核心思

---

[1] 徐玉珍.论国家课程的校本化实施[J].教育研究,2008,337(02):53-60.

想在于均以国家课程要求为基础,运用学校现有学科教学资源予以有效落实。因此,笔者将围绕学校的教学改革发展与学科建设的实际经验,深入展示和讨论基于"成才教育"思想的学科建设的具体思路。

在学科建设中,学校各学科教研组根据自身学科特色与学科组的具体现实,设置出了一系列的校本课程内容,并以此搭建了相应的学科校本课程教学体系。这些课程在主题、内容及形式上与学科国家课程既有着千丝万缕的联系,又存在明显的个性培育特色。相对而言,国家课程更注重学生对学科基本知识与学科基本技能的教学,学科校本课程更加偏重于各学科在社会层面的实践运用发展,并以此培养学生更为综合化和社会化的学科素养。

在具体的工作推进中,学校的教学改革紧密切合时代需求,始终与时俱进,提高教学管理实效;始终关注差异,优化分层教学策略;始终以生为本,探寻课堂教学转型。在新一轮课程与教学改革的进程中,我们以学生的基础和能力为起点,探索丰富多样的改革路径,初步形成学校的课改特色:关注"研究文化"的培育,以课题研究为抓手,探索学科优势发展的途径。我们利用上海市教育科学研究项目"在'全景式课程'中建设'1+X'课程群的实践研究"立项的契机,要求各学科教研组积极探寻学科教学价值观,建设由"学科课程""学科团队""学科教与学"三个要素所共同构成的学科建设方案,引领学科建设的方向。

近年来,学校各学科教研组在相关学科专家的指导下,围绕"新课标解读""新教材实践"等内容开展组内研修,聚焦教与学的变革,结合本校教师和学生实际,归纳和总结本学科的特点,有计划、有步骤、有思考、有智慧地思考制订了本学科的"学科建设方案",形成了全覆盖、个性化的,指向学生"核心素养"培育的"学科建设方案",为学生夯实学科基础,提升核心素养,形成自主能力提供有力支持,更为建设学科高地、打造具有区域影响力的优势学科打下基础。而各学科教研组也将根据学科特征、课程特色及师生特点,持续更新、完善学科建设方案,使之符合教学改革的新需求。

2. 政治学科建设案例的展示与分析

学科延伸特色课程群是学校"全景式课程"结构体系的重要组成部分。学科延伸课程的本质是全景式课程中国家课程与校本课程中的学科延伸课程的结合。在学科延伸特色课程群中,课程群的核心是各学科的国家课程,而相应的延伸则为由该学科的国家课程延伸而来的各类学科校本课程。这里,将围绕学校思政教研组制订的学科延伸特色课程群高中(思政)建设方案的基本情况与内容予以展示并做出相应分析。

【案例】

聚焦核心素养　多元社会实践　推动知行合一
——上海市第六十中学学科特色课程群高中(思想政治)建设方案

普通高中课程标准新修订已经完成,在课程建设的过程中,逐步落实学科核心素养是当前教育改革的重中之重。现依据《普通高中思想政治课程标准(2017年版)》,结合全景式课程理念和建设目标,研制本校政治学科延伸特色课程群建设方案。

第一部分　思想政治学科建设情境

梳理我校思想政治学科建设的现有经验和不足之处,探索学科未来发展的方向,这是学科课程建设的应有之义。

一、政治学科课程建设的优势与特色

1. 课程开发的优势与特色

思想政治课是跨学科整合的大德育课程,课程本身涉及政治学、经济学、法学、哲学等多个领域。组内教师可以在国家课程的基础上,深入学习和研究不同领域的内容,开发学科延伸课程。学生通过学科延伸课程的学习,进一步建立高中与大学学科知识的有效连接。同时,组内教师研究生学历占比40%,理论基础扎实,具有课程开发的意识和能力。

2. 学科教研的专业化经验积累

政治组教师秉持教学与教研并进的传统,坚持关注课堂,关注学生实际,关注课后反馈。各个备课组坚持集体备课机制,教研组定期开展主题教研活动,在长期课堂教学实践中针对有效问题设计的教学研究,结合学科核心素养,政治组形成了"基于思想政治学科核心素养的'问题群'教学模式的研究

和运用"等教学经验总结。今后，本组将立足新课程标准，结合学校全景式课程建设和学科延伸特色课程群的建设，结合多元实践和议题式教学，继续推进"问题群"教学模式等方面的教研探索，为学科教学的发展和进步夯实基础。

3. 课程资源的积累与课程实施的经验

政治组通过教学实践，目前已经积累了一定的课程资源。根据国家基础课程的要求，国家学科课程方面，思想政治学科三个年级都形成了相对成熟的，针对学业水平考试合格考和等级考两个维度的学案和习题设计。在学科延伸课程方面，政治组形成了初阶、中阶、高阶的课程实施计划，目前高一已开设"金融与理财入门"和"生活中的法律常识"的拓展课，高二开设"走近中国古代哲学家"的拓展课，其中"走近中国古代哲学家"编制了校本材料。同时，部分教师通过研究性学习及撰写研究报告的指导，积累了研究课的教学经验。

二、思想政治学科课程建设的现存问题和发展空间

1. 多元实践活动的形式探索还有待加强

根据新课程标准对思想政治课课程性质的设定，作为一门综合性、活动型的学科课程，本课程如何开发结合课程内容的有效活动，帮助学生通过课内课外的多元实践活动，获得学科核心素养，促进学生知行合一是课程开发的重点和难点。已有的活动形式课堂活动占多数，其他行之有效具有可操作性的实践活动的开发是薄弱之处。

2. 情境的设计和议题的选择能力还有待加强

根据新课程标准要求，议题式学习将在未来课程学习中发挥重要作用。与传统教学方式不同，议题式教学需要教师根据学科知识，紧密结合学生生活实际和知识实际设计情境、确定议题。如何在日常教学中准确高效地了解学生的学情，设计不同复杂层次的情境和能引起思维碰撞的议题，是课程建设需要改进之处。

3. 课程开发和相关经验总结有待加强

虽然政治组已经在三类课程中都有所实践，但这些课程体系的实践还不完善，课程资料的积累也未达到系统化，课程之间的相互关系还有待深入挖掘。如何根据学生的学力，依据课程内在的逻辑关系构建促进学生全面发展的课程体

系,是需要不断解决的问题。同时,课程资料的总结方面需要囊括教案、学生学习中反馈的问题及对课程学习的需要。

上述问题正是未来政治组学科课程建设的突破点。如何深入理解贯彻学校课程改革的理念,如何依托国家课程标准实施课程改革,如何发展教师课程开发能力等,都为我校思想政治学科课程建设提供方向。

第二部分 政治学科课程建设的理念和目标

梳理思想政治学科课程建设的理念和目标,明确课程建设的方向,这是思想政治学科课程建设的前提。

一、学校课程建设理念的研读

学校将"为每一位学生提供促进学业进步和个性发展的生命成长环境,培养学生面向未来社会的胜任力,使学生全面而有个性地发展,成为人格健全、基础厚实、创新发展的现代公民,最终成为社会主义建设者和接班人"作为育人目标,即人格健全:爱国明礼、高雅乐群;基础厚实:人文浸润、科学启智;创新发展:勤于实践、勇于探索。

基于这一育人目标,"全景式课程"立足"让每个人全面而有个性地发展"的新时期"成才教育"思想理念,形成了"为每一个学生成才提供丰富多样的学习图景"的课程理念,体现了更全面、更完整的综合型学校课程模式的发展要求。"全景式课程"课程内容全面,课程目标全方位,课程实施过程全覆盖,除了国家课程以外,学校将兼顾学生个体差异,开发并实施可供学生充分选择的各类课程,使学生个性特长得以充分施展和发展;课程实施方式多渠道,将通过"课内课外、校内校外、线上线下"三个维度,全方位、多角度地融入学生的学习和生活中。

二、国家课程标准和学科核心素养的学习

《普通高中思想政治课程标准(2017年版)》指出:"高中思想政治以立德树人为根本任务,以培育社会主义核心价值观为根本目的,是帮助学生确立正确的政治方向,提高思想政治学科核心素养,增强社会理解和参与能力的综合性、活动型学科课程。"就核心价值而言,思想政治是一门进行马克思主义基本观点教育的课程;就基本功能而言,思想政治是一门提高学生社会理解和参与能力的课程;就培养目标而言,思想政治是一门培养新时代学生思想政治素养的课程。作

为跨学科整合的大德育课程，其中华历史文化的渊源和革命文化的基因，使课程具有不同于一般学科教育立德树人的功能。

思想政治学科核心素养，主要包括政治认同、科学精神、法治意识和公共参与。从四个核心素养各自的内涵来看，它们在逻辑上相互依存，在结构上相互支撑，在内容上相互交融，但又不可相互替代，共同构成一个有机的整体。在立德树人的课程使命中，这四个核心素养有各自的独特价值，共同承载着课程不可替代的育人使命，凝聚着思想政治学科素养的核心价值，即培养有信仰、有思想、有尊严、有担当的时代新人。

我国公民的政治认同，就是拥护中国共产党的领导，坚持和发展中国特色社会主义，认同中华人民共和国、中华民族、中华文化，弘扬和践行社会主义核心价值观。政治认同是"形成全国各族人民团结奋斗的共同思想基础"，即支撑国家认同、民族认同、文化认同的基石。政治认同，决定着学生成长的方向，是科学精神、法治意识、公共参与之所以有中国特色的共同标志。

我国公民的科学精神，就是在认识世界和改造世界的过程中表现出来的一种精神取向，即坚持马克思主义的科学世界观和方法论，能够对个人成长、社会进步、国家发展和人类文明做出正确的价值判断和行为选择。科学精神，是达成政治认同、形成法治意识、实现公共参与的基本条件。

我国公民的法治意识，就是尊法学法守法用法，自觉参加社会主义法治国家建设。法治意识，是政治认同和科学精神的必然要求，也是公共参与的必要前提。

我国公民的公共参与，就是有序参与公共事务、承担社会责任，积极行使人民当家做主的政治权利。公共参与，是表现政治认同、科学精神和法治意识的意愿和行动。

每个要素都可以存在于不同的课程模块，与相关课程内容相契合；每个课程模块都可以指向不同的素养要素。四个要素紧扣时代主题，回应社会关切，展现"强起来"的当代中国青年应有的精神风貌。

三、思想政治学科课程建设的理念及目标

根据新课标对思想政治课课程性质的定义，作为一门综合性、活动型学科课程，课程的内容采取活动设计的方式呈现，包括社会实践活动，即"课程内容

活动化",学科内容的课程方式就是一系列活动及其结构化设计,即"活动设计内容化"。未来思想政治课的课堂教学将是课内思维活动和课外实践活动的有机结合。课堂教学活动将围绕议题的设计,开展优化学习活动设计的活动型教学模式,学生在辨析式的学习中获得学科核心素养。活动议题可以基于案例、问题和情境,在运用学科基本概念、原理、观点和方法的基础上开展议题学习,实现共同理想、价值观念和道德规范的培养。强化辨析式学习方式,即学生自主经历由建设性批判思维主导的辨析过程,体现积极价值引领的育人性学习路径。课程综合性的特点倡导综合性教学方式:既强调课程内容的跨学科,又关注议题情境的复杂性;既重视观察对象的多维度,又注重探究途径的多样性。从课外实践活动来看,课堂将成为学生走出学校,加强社会实践参与的生活化学习课堂。基于上述课程建设的新变化,如何依托活动掌握学科知识,借助活动过程提升学科核心素养,找到学科内容与活动相互嵌入的组合方式,发掘吸引学生参与的议题和辨析式学习途径,是课程建设要解决的重要问题。

综合思想政治课程改革的方向,教研组围绕学校"让每个人全面而有个性地发展"的办学理念,结合学科核心素养,将"多元社会实践 推动知行合一"作为学科课程建设的依据,从学科的角度落实学科课程目标与学校的育人目标和课程目标。

一是培养学生正确的世界观、人生观、价值观,坚持正确的政治方向:面对当前社会变革和实践创新中的新挑战、新问题,能用历史的眼光、国情的眼光、辩证的眼光、文化的眼光和国际的眼光进行观察、辨析、反思和实践,在人生成长道路上把握正确的思想政治方向。

二是围绕议题,多元实践,强化辨析:基于"1+X"课程群的开发,形成多渠道、多维度、多领域的思想政治学科课程体系。在议题辨析和情境实践的活动型课程中培养思想政治学科核心素养。

三是培养学生学科特色的本能反应:理解马克思主义中国化的最新成果,在自主思考、合作探究的学习过程中,收获学科核心素养,获得具有思想政治学科特征的必备品格和关键能力。

根据高中各年级的学生特点,学科课程目标分层实施如下:

学科课程目标			
年级	培养正确的三观,坚持正确的政治方向	围绕议题,多元实践,强化辨析的活动型课程	培养学生学科特色的本能反应
高一	明确中国特色社会主义是科学社会主义理论逻辑和中国社会发展历史逻辑的辩证统一,树立为共产主义远大理想和中国特色社会主义共同理想而奋斗的信念。	围绕"中国为什么选择社会主义"等议题,通过历史资料的收集、分析和比较等实践活动,形成对中国特色社会主义的认同。	培养学生的学习力、实践力,在社会实践活动中,展现"四个自信",坚定"两个理想"。
高一	理解全面深化改革的意义,树立新发展理念,提升在新时代参与社会主义现代化建设的能力。	围绕"市场经济宏观调控的优化"等议题,依据习近平新时代中国特色社会主义经济思想的基本原理,通过学习我国社会主义基本经济制度,解析社会主义市场经济的基本特征,阐释指导我国经济社会发展的新理念。	培养理论联系实际的能力,能够从生活中的经济现象中了解社会主义基本经济制度的优越性和社会主义市场经济体制改革的意义。
高二	认同党的领导是人民当家做主和依法治国的根本保证,人民当家做主是社会主义民主政治的本质特征,依法治国是党领导人民治理国家的基本方式。	围绕"依法治国必须在党的领导下"等议题,通过探究制定法律的法定程序的实践活动,形成党的领导、人民当家做主、依法治国有机统一的政治认同,奠定学生政治立场与法治思维的基础。	培养理论联系实际的能力,能够从政治生活上坚定党的领导,人民当家做主,依法治国的必要性,具备有序参与国家政治生活和社会公共生活的能力。
高二	明确马克思主义哲学是科学的世界观和方法论,坚持实践的观点、历史的观点、辩证的观点、发展的观点。形成正确的价值判断、行为选择,树立文化自信。	围绕"弘扬和传承优秀传统文化的途径"等议题,通过相关途径的调查分析,形成文化创新的有效认识。	培养理论联系实际的能力,形成辩证思维,做出科学的价值判断和行为选择,继承和发扬中华优秀传统文化。

第三部分 思想政治学科特色课程群建设的结构与内容

思想政治学科特色课程群建设是对我校"全景式课程"理念与思想政治学科课程理念及目标的实践与改进。

一、课程性质与基本理念

政治学科特色课程群建设由两个课程内容组成：其核心课程内容为国家课程校本化实施，而其特色内容则在于以国家为基础、由学校兼顾学生个体发展而设计开发的学科延伸课程。在课程群中，国家课程及其延伸课程有机统一，从内容来看，双方彼此联系，从层次来看，双方依次层级递进。其中，国家课程着力于通过建构学科教学价值观，研究学科有效教学形式与方法，建立学科基础课程资源库，实现国家课程的高质量实施。而延伸课程以学生核心素养的培养为目标，课程以学生的学习水平为基础，以学生的不同能力培养为目标，以多元化、多维度、重体验、重实践的原则，遵循学生的实际情况及发展规律，使学生在参与、体验、实践的过程中收获知识，在潜移默化中完成核心素养的提升。

基于《普通高中思想政治课程标准（2017年版）》对思想政治课活动型学科课程的课程性质的界定，思想政治学科特色课程群建设立足多元实践，采取内容与活动相互嵌入的组合方式，推动学生知行合一。学生在学习具有综合性特点的学科内容的过程中，通过多元社会实践活动，在活动中感悟理解学科内容，促进学生知行合一。多元社会实践即学生参加实地调研、论文撰写、议题辨析等活动。知行合一即学生能够运用课程学习实现政治认同，正确运用课程学习获得的知识，习得的素养指导今后的生活实践，做到以"知"促"行"、以"行"促"知"。

二、学科核心素养与课程目标

1. 国家课程，学科核心素养教育的主体

国家课程的高质量实施，其实质是学科核心素养教育的主体。它是培养学生学科核心素养，提供知识基础，提升学生学科核心能力，助力学生学科素养发展的核心抓手。本学科"四位一体"的学科核心素养，在涉及相关学科内容时，有的明显，有的隐含，因此，在教学中可以根据学科内容重点突出其明显表现的学科核心素养，同时也不忽视具有隐性延展意涵的学科核心素养。根据课程内容和教学实际，紧扣时代主题，设计相匹配的典型活动，促使学生多元实践，学生通过课程学习能够培养思想政治学科"四位一体"的核心素养，在活动中展现"强起来"的当代中国青年思想政治素养的时代底色，实现知行合一。

2. 学科延伸课程，基于核心素养的学科特色化教育

在国家基础型课程高质量实施的前提下，进一步推进学科延伸课程的开发和落实，拓展延伸国家课程的学习背景与视野，提升学生的必备品质和关键能力。在课程的开发和实施过程中，将学科核心素养的渗透和学校课程理念中学生面对未来社会应具备的四种关键能力的培养相结合，注意不同的课程中核心素养的落实和关键能力的培养，在某一课程中可以突出落实某一核心素养，培养某一关键能力。

三、课程结构

国家课程，由必修课、选择性必修课和选修课组成。学科延伸课程由拓展课和研究课组成。

四、课程内容

1. 国家课程，以统编教材为例

课程类型	课程内容(举例说明)		重点落实的学科核心素养	课程实践活动
必修课	中国特色社会主义	人类社会发展的进程与趋势	政治认同	相关场所的参观考察或时代故事的课堂现场演讲，感受中国特色社会主义。
		中国特色社会主义的开创与发展		
	经济与社会	经济制度与经济体制	政治参与，科学精神	选择当年世界500强中的某一中国企业，收集其成立至今的重要信息，分析其所体现的学科知识。
		经济发展与社会进步		
	政治与法治	中国共产党的领导	政治认同，政治参与，法治意识	选取时政案例分析说明党的领导、人民当家做主与依法治国的内在联系。
		人民当家做主		
		依法治国		
	哲学与文化	探索世界与追求真理	科学精神	选取案例阐释其所体现的价值判断，分析其产生的原因。
		认识社会与价值判断		
		文化传承与文化创新		

续　表

课程类型	课程内容(举例说明)		重点落实的学科核心素养	课程实践活动
选择性必修课	当代国际政治与经济	各具特色的国家	政治认同、法治意识、政治参与	以某个国际组织中的某个国家为例,收集其在世界多极化和经济全球化中的措施,分析其原因和影响。
		世界多极化		
		经济全球化		
		国际组织		
	法律与生活	民事权利与义务	法治意识、政治参与	选择典型法律案例,从家庭和婚姻或就业与创业角度分析民事权利、义务及社会争议解决的途径。
		家庭与婚姻		
		就业与创业		
		社会争议解决		
	思维和逻辑	学会科学思维	科学精神	用实例描述思维和逻辑在生活中发生作用的过程。
		遵循逻辑思维要求		
		运用辩证思维方法		
		提高创新思维能力		
选修课	财经与生活	货币与市场	科学精神、法治意识	编制家庭一个月的消费与投资账目,分析影响的因素。
		收入与支出		
		投资与理财		
		企业与就业		
	法官与律师	法官的职责	法治意识、政治参与	观看案件庭审的网络直播或录播,熟悉审判程序,感悟法官和律师的职责。
		审判程序		
		律师的职责		
		辩护和代理		
	历史上的哲学家	百家争鸣的时代	政治认同、科学精神	撰写中西古代哲学家思想差异的小论文。
		理学与新学的演变		
		西方哲学的起源		
		西方哲学的发展		

2. 学科延伸课程

课程类型		课程内容	课程实践活动	重点落实的学科核心素养	关键落实的能力
拓展课	财智人生	金融与理财入门	财经社团、相关主题论文撰写	科学精神、法治意识	实践力
		理财经典案例的启示	典型案例分析古今对比		
		大显身手——理财实际操作	模拟金融交易、上交所金融教育基地实训		
	生活中的法律	走进生活中的法律	查询熟悉相关法律条文,设计维权途径	法治意识、政治参与	学习力、实践力
		做守法的公民	分析法律案例、庭审纪实		
		我与司法机关面对面	法院实地考察,模拟撰写庭审辩护词		
	社会调查	调查问卷的编写与制作	就某一社会问题编写调查问卷	科学精神	学习力、实践力
		调查问卷数据分析方法	回收分析调查数据		
		调查报告撰写指导	撰写调查报告		
	中国古代哲学的智慧	走近中国古代哲学家	查阅文献材料、梳理产生重大影响的哲学观点	政治认同、科学精神	学习力
		走进中国古代哲学	比较不同流派哲学观点的异同		
		跨越哲学之门	辩论社团、哲学观点古为今用的案例收集		
研究课		模拟政协	就某一社会问题撰写政协提案	政治认同、法治意识、政治参与	领导力、实践力

续表

课程类型	课程内容	课程实践活动	重点落实的学科核心素养	关键落实的能力
研究课	模拟人大	就某一社会问题撰写人大议案	政治认同、法治意识、政治参与	领导力、实践力
	模拟联合国	就某一国际问题模拟联合国会议，形成相关方案	法治意识、政治参与	领导力、实践力
	时事你我他	时政社团和竞赛	政治认同、科学精神	学习力

五、学业质量

1. 国家课程

在遵循《普通高中思想政治课程标准(2017年版)》对于国家课程学业质量的相关要求的基础上，结合学校学业考评的相关制度实现学业质量评价。

2. 学科延伸课程

参考《普通高中思想政治课程标准(2017年版)》学业质量的要求，结合政治组拟开发的学科延伸课程，制定学业质量标准。

水平	质量描述
1	结合社会典型事例或问题，有效选择议案、提案、论题、辩题
2	积极参与相关活动的资料收集和分析
3	准确运用学科知识分析收集的资料、信息；恰当提炼论据、逻辑清晰
4	综合运用各种论据和数据，结合学科知识，总结形成论文、议案、提案、调查报告

六、学科延伸课程的实施建议

1. 教学与评价建议

我校学科延伸课程的实施，以《普通高中思想政治课程标准(2017年版)》为依据，以发展学生思想政治学科核心素养，培养学生面对未来社会胜任力为目标,在具体的教学过程和学生的社会实践活动中体现学业质量,实现教学与评价的一致。学科延伸课程教学与评价的具体建议,是结合学生课程学习的实际表现和学生完成实践活动中的具体表现实施。

课程/实践活动主题	维　度	等级
论文、人大议案、政协提案的撰写	选题贴切	
	观点明确、准确	
	积极参与资料的收集、整理、分析	
	积极参与论文、议案、提案的撰写成文	
辩论社团	有效选取辩题	
	根据辩题积极收集资料,提炼论点,组织例证	
	代表己方勇于表达观点,积极参与辩论	
	通过辩论进行反思,形成正确的价值判断	
时政社团和竞赛	积极关心时政大事	
	准确运用学科知识分析时事及其影响	
	积极参与时政竞赛	
社会调查	选题准确	
	积极参与问卷的编写和数据的回收分析	
	积极参与论文的撰写成文	
庭审纪实	积极参与相关法律文献的查阅和案例分析	
	积极参与庭审辩护词的撰写	
	模拟庭审的实际表现	
财经社团	积极参与财经信息和资料的收集	
	积极参与相关主题论文的撰写	
	积极参与金融领域的实训	

2. 课时安排

根据课程内容和不同年级学生的学习任务，结合学校课程统筹安排课时，所有课程都设置线上线下课程。

3. 教学主题与内容开发

根据政治组拟开发的学科延伸课程，结合学生对课程内容的需要和生涯发展的需要，结合教师知识的实际和时代发展的实际，由外聘专业团队与组内教师共同合作编写开发具体教学主题与内容。教学主题与内容要突出立德树人的要求，凸显学科核心素养的培养，体现关键能力的培养。

第四部分　政治学科课程建设愿景

思想政治学科课程建设愿景是对未来课程建设发展的蓝图预设，是课程发展的追求目标。

一、结合课程开发实践，总结课程开发的有效途径，逐步完善课程体系

在已有课程开发的实践中，思想政治学科大致经历以下阶段：了解学生所需；确定课程的主题；形成系统性教学内容；实践检验课程效果；课程评价；修改校本课程主题与内容。在这个过程中，三类课程得到完善和发展。在后期的课程开发中还将吸取经验，不断完善这一路径，力争每位老师都能开设一门课程。

二、课程的开发要注重实际

从学科全局角度出发，无法将所有课程都开发完备。因此，政治组将结合教研组教师的实际情况，上海和国家发展的时代特点，立足学生的实际和需要，选择性地开发符合学校特色、适合学生发展、体现教师特长的相关课程。

三、发掘思想政治学科大德育学科的隐性课程

思想政治学科不仅是学科课程，更具有学校德育工作的引领性特征，它应与相关德育工作相结合，承担立德树人的任务。这一任务的完成可以在学科特色课程群建设之外，结合学校的德育工作，开发隐性德育课程。

3. 地理学科建设案例的展示与分析

在"双新"背景下，地理学科已经逐渐从传统的文科专业的背景下脱离，成为一门人文内容与理学知识体系融合的复合型学科，这使得其课程建设的具体方案与思路需要有与众不同的新意。相较于政治学科的延伸课程建设更多是围绕

学科在社会生活的运用内容予以拓展与建设,地理学科的特色课程群体系建设显然存在更加多元化的建设思路。对此,上海市第六十中学地理教研组采取了以项目式学习与社会实践活动为主体的跨学科整合式学科课程群建设思路。

【案例】

聚焦核心素养　注重地理实践　培养地理思维
——上海市第六十中学"1+X"特色课程群高中(地理)建设方案

普通高中课程标准新修订已经完成,在课程建设的过程中,逐步落实学科核心素养是当前教育改革的重中之重。现依据《普通高中地理课程标准(2017年版)》,结合全景式课程理念和建设目标,研制本校地理学科建设方案。

第一部分　地理学科建设情境

梳理地理学科建设的现有经验和不足之处,探索学科未来发展的方向,这是学科课程建设的应有之义。

一、地理学科课程建设的优势与经验

1. 课程开发的优势与特色

地理课是跨学科整合的大德育课程,课程本身涉及自然地理(地质学、地貌学、土壤学、气象气候学、水文学、景观地理学等)、人文地理(人地关系、政治地理学、经济地理学等)、区域地理等多个领域。组内教师可以在国家课程的基础上,深入学习和研究不同领域的内容,开发特色性的学科延伸课程。学生通过学科延伸课程的学习,进一步建立高中与大学学科知识的有效连接。同时,组内教师研究生学历占比25%,平均年龄29岁,理论基础扎实,工作充满激情,是一支配合默契、年富力强的教师队伍,具有课程开发的意识和能力。

2. 学科教研的专业化经验积累

我校地理组教师秉持教学与教研并进的传统,坚持关注课堂,关注学生实际,关注课后反馈。坚持集体备课机制,教研组定期开展主题教研活动,在长期课堂教学实践中针对有效问题设计的教学研究,结合学科核心素养,地理组开辟了形式多样的讲座、微课、慕课、公众号等创新性的教学形式,形成了"关注核心素养，构建关注思维的课堂架构"等教学经验的总结，开展了基于地理实践的高中生地理区域认知能力培养策略研究；并且针对国家基础课程的要求，地理组目前已经形成比较完整的两年高中地理的校本学案和多样的习题设计。今后，本组将立足新课程标准，结合学校全景式课程建设和学科特色课程群的建设，结合地理实践和区域式教学，继续推进"问题群"教学模式等方面的教研探索，为学科教学的发展和进步夯实基础。

3. 课程资源的积累与课程实施的经验

地理组通过教学实践，目前已经积累了一定的课程资源。根据国家基础课程的要求，国家课程方面，我校地理学科三个年级都形成了相对成熟的，针对学业水平考试合格考与等级考两个维度的学案和习题设计。在学科延伸课程方面，地理组形成了初阶、中阶、高阶的课程实施计划，目前高一已开设"趣味看世界"的拓展课，高二开设"走进'一带一路'"的拓展课，其中"走进'一带一路'"还结合沙盘模型制作和自媒体的运作，将地理知识和时事地理有机融合，培养了学生人地和谐的地理学科基本核心素养。这样的教学实践使本组在拓展课的实施经验和教学资料方面有了一定的积累。此外，本组的几位老师在近两年都在高二年级带领部分同学开展专题性研究型学习，并撰写成研究报告，培养了学生创造性思维和主动学习的习惯，并在研究课方面也有了相关的经验积累，为今后的更多学生创新性学习打下基础。

二、地理学科课程建设的现存问题和发展空间

1. 多元实践活动的形式探索还有待加强

根据新课程标准对地理课课程性质的设定，作为一门致力于有效培养21世纪合格的地球公民的学科课程，本课程如何开发结合课程内容的有效活动，如何让学生在生存、生活、生产、生态的变革中，更深刻地认识地理，是课程建议的重点和难点。已有的活动形式课堂活动占多数，其他行之有效具有可操作性的实践活动的开发是薄弱之处。

2. 三阶拓展课程的设计编排还有待加强

现有拓展课、研究性课题的指导项目、方向凌乱，定位不准，课程单一，不成体系，需要重新统整开发与编排。课程配套自媒体的制作与开发，限于教师个人兴趣，没有技术和资金的支持，负责教师心有余而力不足，媒体推广面较小，受众

少,平台缺乏日常管理。

3. 情境的设计和活动的选择能力还有待加强

根据新课程标准要求,情境式学习将在未来课程学习中发挥重要作用。与传统教学方式不同,情境式教学需要教师根据学科知识,紧密结合学生生活实际和知识实际设计情境、确定活动情境的预设。如何在日常教学中准确高效地了解学生的学情,设计不同复杂层次的情境和能引起思维碰撞的议题是课程建设需要改进之处。

上述问题正是未来地理组学科课程建设的突破点。如何深入理解贯彻学校课程改革的理念,如何依托国家课程标准实施课程改革,如何发展教师课程开发能力等,都为我校地理学科课程建设提供了方向。

第二部分　地理学科课程建设的理念与目标

中学地理教育在学校教育中,担负着对学生进行国情国策教育、环境教育、人口教育、国防教育等方面的任务,对培养学生的全球意识、可持续发展意识,以及正确的人生观、人口观、资源观和环境观,有着独特的教育功能和作用,是其他学科所不能替代的。

一、国家课程标准和地理核心素养的研究

"把立德树人作为教育的根本任务",是党的十八大报告对教育工作提出的明确目标。在此背景下,教育部调整了修订普通高中课程标准的计划,将此工作与研究学生核心素养总体框架及各学科学业质量标准等结合起来同步进行。这不仅是落实"立德树人"的重大举措,也是促进我国教育改革与世界教育新变革趋势相接轨的必然要求。

作为一线教师,要将学生地理学科核心素养的培养贯穿教学的始终,突出地理学科的育人价值。在教材研读中,要将人地协调观作为一条重要的线索,串联起内容广泛的地理知识,使其"形散神聚"。而且,我们要立足综合思维、区域认知和地理实践力的培养,展现地理学科在解决相关的科学和社会问题时的思想、方法、过程和效果,以达到立德树人的要求。

二、研读和贯彻学校课程建设理念

在"成才教育"思想下,依据新时期"让每个人全面而有个性地发展"的办学理念,学校将"为每一位学生提供促进学业进步和个性发展的生命成长环境,培

养学生面向未来社会的胜任力,使学生全面而有个性地发展,成为人格健全、基础厚实、创新发展的现代公民,最终成为社会主义建设者和接班人"作为育人目标,即人格健全:爱国明礼、高雅乐群;基础厚实:人文浸润、科学启智;创新发展:勤于实践、勇于探索。

基于以上的办学理念和育人目标,学校提出了"构建全景式课程,为每一个学生成才提供丰富多样的学习图景"的课程理念。"全景式课程"是更全面、更完整的综合型学校课程。其"全"将体现在:课程内容是"全"的,课程目标是"全"的,课程实施过程是"全"的,除了国家课程以外,学校将兼顾学生个体差异,开发并实施可供学生充分选择的各类课程,使学生个性特长得以充分施展和发展;课程实施方式是"全"的,将通过"课内课外、校内校外、线上线下"三个维度,全方位、多角度地融入学生的学习和生活中。

三、地理学科课程建设的理念与目标的确立

在明确了学校课程理念、目标和研究了地理学科国家课程标准、核心素养之后,我们首先需要明确的是两者是确立地理学科课程理念和目标的两个前提条件。学校的课程理念与目标是地理学科课程建设的平台和依托,而国家课程标准则是明确了学科本质和核心。在保持学科本质核心不变的前提下,根据学校和学生的特点,选择相适应的课程和教学方法来达到培养学生学科核心素养的目标。通过对两者内在逻辑的挖掘,来确立本校的地理学科建设理念和目标。

地理教研组将"提高学生综合能力,培养人地协调和谐发展观"作为自己的学科课程理念,服务于学校"让每个人全面而有个性地发展"的成才教育思想落实。通过地理学科课程群的开发、实施、修正、完善和发展,以期实现的学科发展目标就是对学校课程目标"人格健全、基础厚实、创新进取"的学科化和具体化。

1. 培养学生正确的价值观念:养成学生独立健全的人格,其中人地协调观是地理课程蕴含的最为核心的价值观,它包含正确的自然观、资源观、环境观、人口观、发展观等。

2. 为学生提供丰富多样的地理学习经历:致力于学科特色课程群的开发和实践,形成多途径、多类型、多视角的地理学科课程体系,着力于学科的核心素养

的培养,深化人地协调发展的理念。

3. 培养学生富有学科特色的思维品质:综合性和区域性是地理学研究的两个突出特点,由此形成的综合思维和区域认知,是学生分析、理解地理过程、地理规律、人地关系系统的重要思想和方法。我们将对这些课程目标进行层级分段,高中各个年级的学生将面临不同的发展目标。

	立足正确价值观念上的健全人格	依托丰富学习路径的厚实的地理基础	具有学科特色的思维品质和核心能力
高一年级	认识宇宙和地区的依存关系,了解地球表面岩石圈、大气圈、水圈的基本运动规律。	初步了解系统地理的基本特征和规律,能够根据地图获得相应的地理信息。能够具有清晰的系统地理整体性意识。	培养学生的学习力,养成在学习生活的实践中勤于动脑的习惯,学会提出问题,并通过查阅图鉴资料、调研、讨论等途径解决问题的方法。
高二年级	了解地理环境的整体性和差异性。理解并学会分析实际生活中的地理问题。培养学生对人类生存环境的正确认识,倡导"人类命运共同体"意识。	基于掌握的人地观,在特定的时空维度下对特定区域进行认识和解释,对不同的地理环境差异理解进行辨析。进一步加强对人地协调可持续发展的认同。	注重理论联系实际,学会在给出的材料中发现问题,提出问题、探究问题,并培养学生利用所学知识最终解决问题的能力。在人地协调的核心思想下,发展学生全面分析问题的能力。

第三部分　地理学科特色课程群建设的结构与内容

地理学科特色课程群建设,是对我校的地理学科课程理念与目标的实践和探索,既包含了国家基础教育必修课程,也有根据本校师生特点所开设的特色课程。

一、课程性质与基本理念

学科特色课程群建设包含了高质量实施的国家课程和学校兼顾学生个体发展而设计开发的学科延伸课程。国家课程及其学科延伸课程有机统一,从内容来看双方彼此联系,从层次来看双方依次层级递进。

国家课程,着力于通过建构学科教学价值观,研究学科有效教学形式与方法,建立学科基础课程资源库,实现国家课程的高质量实施。学科延伸课程以学生核心素养的培养为目标,开发相应延伸型课程。课程以学生的学习水平为基础，以学生的不同能力培养为目标，以多元化、多维度、重体验、重实践的原则，遵循学生的实际情况及发展规律，使学生在参与、体验、实践的过程中收获知识，在潜移默化中完成核心素养的提升。基于《普通高中地理课程标准（2017年版）》对地理课活动型学科课程的性质的界定，地理学科特色课程群建设立足多元实践，采取内容与情境活动相互嵌入的组合方式，推动学生聚焦核心素养，注重地理实践，培养地理思维。学生在学习具有综合性特点的学科内容的过程中，通过多元社会实践活动，在活动中感悟理解学科内容，促进学生知行合一。多元社会实践即学生参加实地参观、区域研学、实验操作、论文撰写等活动。地理思维即学生能够运用课程学习，在生存、生活、生产、生态的变革中，树立良好的"情态观"，有效地成为21世纪合格地球公民。

二、学科核心素养与课程目标

1. 国家课程，学科核心素养教育的主体

国家课程的高质量实施，起着培养学生学科核心素养，提供知识基础，提升学生学科核心能力，助力学生学科素养发展的重要作用。本学科"四位一体"的学科核心素养，在涉及相关学科内容时，有的明显，有的隐含，因此，在教学中可以根据学科内容重点突出其明显表现的学科核心素养，同时也不忽视具有隐性延展意涵的学科核心素养。根据课程内容和教学实际，紧扣时代主题，设计相匹配的典型活动，促使学生多元实践，学生通过课程学习能够具有地理学科"四位一体"的核心素养，在活动中落实地理实践，展现符合"生存、生活、生产、生态"变化的当代中国青年地理素养的时代底色，实现成为"21世纪合格地球公民"的地理教育终极目标。

2. 学科延伸课程，基于核心素养的学科特色化教育

在国家基础型课程校本化有效实施的前提下，推进学科延伸课程的开发和落实，拓展延伸国家课程的学习，提升学生的必备品质和关键能力。在课程的开发和实施过程中，将学科核心素养的渗透和学校课程理念中学生面对未来社会胜任力的培养相结合，注意不同的课程中核心素养的落实和关键能力的培养，在某一课程中可以突出落实某一核心素养，培养某一关键能力。

三、课程结构

国家课程，由必修课、选择性必修课和选修课组成。学科延伸课程由拓展课

和研究课组成。

四、学科课程的内容

1. 国家课程,即国家基础课程的高质量实施

聚焦地理学科核心素养,不但推进国家基础课程的高质量落实,同时也为学科延伸课程的开发提供知识储备和能力基础。在国家基础课程的高质量实施过程中,地理核心素养应该作为一个整体进行全面落实;同时,根据不同年级的教学内容,我们具体落实的核心素养的侧重点也会有所不同。

年级	课　程　内　容		重点落实的地理核心素养
高一	高中地理第一册	宇宙与地球	以"了解自然地理环境"和"自然地理环境对人类活动的影响"为主线,使学生明确人地相互影响的方式、强度、后果、原因。
		岩石与地貌	
		大气、天气与气候	
		水环境	
	高中地理第二册	人口	以"了解人类活动过程及其区位因素"和"人类活动对自然地理环境的影响"为主线,使学生明确人地相互影响的方式、强度、后果、原因。
		城市	
		产业	
		文化	
高二	高二地理	地域分异规律	以"人地关系的发展变化过程"和"评价区域人地关系,并提出人地协调的对策"为线索,使学生明确协调人地关系的方法。
		自然灾害和自然资源	
		区域开发	
		可持续发展	

2. 学科延伸课程,即其他各类课程

依托国家课程,以专题的形式,展开学科延伸课程的开发和落实,拓展延伸国家课程的学习,提升学生的关键能力。在相关课程的实施过程中,需要注意这些关键能力是综合统一的一个整体,同时在某一课程的实施中可重点突出落实某一个或两个关键能力。

课程类型	课程内容		课程实践活动	重点落实的学科核心素养	关键落实
拓展课	行天下	中国国家地理鉴赏	带领学生阅读赏析《中国国家地理》杂志和相关杂志社书刊	区域认知、综合思维、地理实践力	学习力 实践力
		丝路印象	结合"一带一路"倡议,认知沿线国家自然和人文风情,规划特色旅行线路和旅行看点	区域认知、地理实践力、人地协调观	实践力 领导力 创新力
		九州通览	深入认识我国各省区的自然、人文地理特征,设计特色研学路线,并选择其中一条,进行实践研学,撰写研学报告	区域认知、地理实践力、综合思维、人地协调观	学习力 实践力 创新力 领导力
		自媒体制作	制作"我在六十学地理"微信公众号,打造属于学校、属于学生的地理频道	区域认知、地理实践力、人地协调观	实践力 创新力 领导力
		看图识地	学习使用地理信息技术,制作地理图,观察地物变化,网点规划	区域认知、地理实践力、综合思维	学习力 创新力 领导力 实践力
研究课	生活中的地理		就某一生活现象,挖掘背后的地理原因	综合思维、地理实践、人地关系	学习力 实践力
	战争中的地理		结合古今中外经典战例,从地理的角度,推演战争进程,还原战役过程,解释胜负原因	综合思维、地理实践、区域认知	学习力 实践力 领导力

五、学业质量

1. 国家课程

在遵循《普通高中地理课程标准(2017年版)》对于国家课程学业质量的相关要求的基础上,结合学校学业考评的相关制度实现学业质量评价。

2. 学科延伸课程

参考《普通高中地理课程标准(2017年版)》学业质量的要求,结合地理组拟开发的学科延伸课程,制定学业质量标准。

水平	质量描述
1	结合课堂表现,有效完成作业、模型制作、活动设计、活动参与度
2	积极参与相关活动的资料收集和分析
3	准确运用学科知识分析收集的资料、信息;恰当提炼论据、逻辑清晰;
4	综合运用各种论据和数据,结合学科知识,总结形成论文、议案、提案、调查报告

六、学科延伸课程的实施建议

1. 教学与评价建议

我校学科延伸课程的实施,以《普通高中地理课程标准(2017年版)》为依据,以发展学生地理学科核心素养,培养学生面对未来社会的四种关键能力——学习力、实践力、领导力、创新力为目标,在具体的教学过程和学生的社会实践活动中体现学业质量,实现教学与评价的一致。学科延伸课程教学与评价的具体建议,是结合学生课程学习的实际表现和学生完成实践活动中的具体表现实施。

	维度	等级
旅行线路规划	区域描述贴切	
	积极参与资料的收集、整理、分析	
	积极参与论文、议案、提案的撰写成文	
自媒体制作	根据要求积极收集资料、图片	
	地理原理描述准确	
	设计区域选点	
	统筹图文规划	
社团和竞赛	积极关心地理时政大事	
	准确运用学科知识分析时事及其影响	
	积极参与地理竞赛	

续表

维　度		等级
研学调查	积极参与研学活动	
	积极参与问卷的编写和数据的回收分析	
	积极参与论文的撰写成文	

2. 课时安排

根据课程内容和不同年级学生的学习任务，结合学校课程统筹安排课时，所有课程都设置线上线下课程。

3. 学习读本编写建议

根据地理组拟开发的学科延伸课程，结合学生对课程内容的需要和生涯发展的需要，结合教师知识的实际和时代发展的实际，由外聘专业团队与组内教师共同合作编写读本，编写要突出立德树人的要求，凸显学科核心素养的培养，体现关键能力的培养。

第四部分　地理学科课程发展愿景

地理学科课程发展愿景，是本组地理教师对六十中学未来地理学科课程建设发展效果的预设，是课程建设的理想与追求。

一、基于教师个性特点，打造教师专属课程

组内共有四位教师，每个人都有自己的一技之长，因此，课程的开发不能只是组长一个人闷头干，每位组员应以自身所长为突破口，根据《课程标准》开设拓展课，"一花独放不是春，百花齐放春满园"，从而使拓展课形成若干个系列。

二、结合创新实验空间，打造学科整合课程

所谓"万物并育而不相害，道并行而不相悖"，每个学科虽有各自鲜明的学科特色，看似互不相干，但也存在一定的共性，从各个学科的核心素养就可略知一二。从思维角度看，地理是综合思维，政治是理性精神，生物是理性思维，化学是科学精神，物理是科学思维，英语是思维品质，数学是逻辑推理，语文是思维发展与提升。从实践角度看，地理是地理实践力，政治是公共参与，生物是科学探究，化学是实验探究与创新意识，物理是实验探究，英语是语言能力，数学是数学建

模,语文是语言建构与应用。而地理学科本身又是一门综合性极强的学科。因此,可以结合学校"区域与国别金融研究室"和"环境分析与资源利用创新实验室"的建设,进行跨学科的统整,开发跨学科整合课程。文化、经济、环境、资源都可以进行课程统合开发。

三、立足研究探索过程,打造实践体验课程

"纸上得来终觉浅,绝知此事要躬行。"把知识传授转化为能力培养,把事实罗列转变为研究探索。课程的实施不一定在学校教室,可以在生活中的任一角落。地理课程不拘泥于教学形式,开展多样化的实践体验,走出教室,走进场馆,走进自然,走进社会,让学生在生活中学会学习,在学习中体会生活,在实践体验中探究地理学科的奥秘。

课程的开发要注重实际。根据教师的实际、学生的实际、学科素养落实的实际,开发适合学生的课程,提升学生发展的品质。

第六节 学校课程保障

学校课程建设是一个系统,需要进行立体化的保障。

一、组织保障

学校建立"3·2"学校课程组织架构,确保课程的有效实施。

"3"——学校规划到课程落地有三个层级:成立以校长领衔的学校课程建设委员会,成立由各学科专家引领的课程开发小组,成立以各学科教研组长为首的课程实施小组,分类逐步推进。

"2"——两种管理模型:形成"学校—教研组—师生"的管理模式和形成"学校—年级组—师生"的管理模式。

学校以双轨推进的方式,确保课程的实施从学校通过教研组和年级组落实到学生。

二、队伍保障

根据"3·2"的组织架构,学校建立了相应的课程管理队伍机制,具体如表3.6.1。

三、制度保障

为弘扬并发展"成才教育"思想,学校坚持文化立校、质量立校、制度立校,经

表 3.6.1 课程管理队伍机制

管理机构	人员组成	课程管理职责	主要课程管理任务
学校课程建设委员会	校级班子成员	学校课程理念、目标、架构等指导意见的制定。	1. 制定学校课程开发的总体方向、目标及课程管理总体规划。 2. 对学校课程建设的实施进行监督、管理和评价。
课程与教学处	副校长、课程与教学处主任等	负责学校课程的开发、组织、实施和评价等问题。	1. 制订学校课程计划。 2. 组织各学科教研组完成校本课程的申报与任课教师的安排。 3. 组织学生选课、安排课表、确定上课教室、发放学生选课名单及成绩评价表。 4. 做好日常教学检查,处理调课、代课、师生请假等工作。 5. 定期进行教学质量检查。 6. 根据学校实际情况调整课程计划。
学生处	副校长、学生处主任、团委书记等	负责学校德育课程(含生涯教育、心理健康教育、综合实践活动及社团活动课程)的建设与指导。	1. 制订学校德育课程、生涯辅导课程、心理健康课程的发展实施计划。 2. 组织学生开展社团活动及综合实践活动。 3. 制定德育相关课程的管理与评价细则。
科研室	科研室主任	负责学校重大课程与教学改革课题研究,指导教师课程与教学研究培训、课题研究及成果申报。	1. 制订学校重大课程与教学改革课题研究方案,组织开展研究。 2. 进行教师科研培训,指导教师课程与教学的科研课题及成果申报。
信息中心	信息中心主任	为课程实施提供丰富的网络教学资源、教学与课程管理平台;为课程实施提供技术支持。	1. 建设学校教育教学资源与管理平台,为课程开发、实施、研究提供服务。 2. 建设教学管理平台,实现教师课程申报、学生选课、课程实施、教师评价的一体化管理。 3. 为教师探索新型课堂模式提供技术支持。

续 表

管理机构	人员组成	课程管理职责	主要课程管理任务
教研组	教研组长、学科教师	负责组织本学科课程发展方案的制订；落实学校课程计划要求、组织学科教师开展课程建设研究及培训。	1. 依据学校课程计划制订学科发展规划，指导教师进行本学科的课程开发。 2. 根据学校课程教学任务，申报各类选修课。 3. 组织学科教师对课程建设展开研究。 4. 对本学科各类课程教学质量进行监督和检查。
年级组	年级组长、班主任	组织日常常规教学，规范学生课堂学习过程；辅助课程与教学处、学生处落实各类课程的实施与管理工作。	1. 贯彻落实学生课程教学管理。 2. 做好学生课程学习的过程性评价工作。 3. 辅助课程与教学处、学生处落实各类课程的实施与管理工作。

过努力，打造一所"人文环境和谐、学术氛围浓厚、发展视野前瞻"的高品质创新型一流实验性示范性高中，为每一位学生的学业进步、个性发展，以及每一位教师专业素养、教育境界的提升提供保障。

四、经费保障

学校统筹安排经费，严格执行国家财政资金管理法律制度和财经纪律，在课程开发、创新实验室建设、现代信息技术运用等方面，建立科学化、精细化预算管理机制，完善经费使用内部稽核和内部控制制度，确保"全景式课程"建设工作能顺利进行。

第四章 基于『成才教育』的教学智慧

"成才教育"思想,为教学智慧提供了新的开发视角和新的探索空间。

学校始终将"成才教育"思想,融入课程教学改革,在推动学科个性化优势发展的过程中,逐渐探索出课程教学以学生学习为主体的实践探索思路,并由此总结出指向以学生学习为中心的"三问"教学法,以便教师在课堂教学的过程中更为高效地聚焦并落实教学目标。

"三问"教学法,主张教师在教学实施中思考并解决三个问题:"第一问"指向学情分析与目标设定,即学生的学习起点"在哪里""要到哪里去";"第二问"指向教学内容与策略方法,即该"怎么去";"第三问"指向教学效果的反馈与评价,即"去了没有"。这三部分关联循环,螺旋提升,形成一套在整个课程群教学体系中关注学情、注重教学方法与成效,便于理解和操作、适用各类课程主体与形式的教学方法。

第一节 "三问"教学法的内涵[①]

"三问"教学法,是讲究教与学的统一、知与行的统一、学与用的统一。

一、"一问":学情与目标

"三问"教学法的第一环节内容在于对学情与目标的聚焦。对于具体的课堂教学而言,在授课之前厘清本次课程的学情与目标是保证课程质量的重要前提。其中,对学情的探索与教学目标的制定是相辅相成的关系。教师应当在教学主题的基础上对教学目标予以初设,从而在这一基础上对具体的学情予以考察,从而了解当下学生的学习状况、学生的学习需求、具体的教学资源情况等学情要素,再在具体学情要素的基础上对具体的教学目标予以确立。对学情与目标的确定是保障课堂教学有序实施的基本策略,并对课堂教学的有效性予以关键性的提升。教师须明确学生的起点在哪里、要到哪里去,从而来进行教学过程的整体把握。教学起点的精准划定与目标的科学设定,是教师选择教学策略、实施教学过程、完成教学评价的两个关键点。

1. 精准分析学情

精准分析学情即要求教师对学生情况与状态进行客观分析,日常教学活动中的学习对象可以是班级或个体两个层面,学情把握的目的在于使得教学更有针对性;内容包括学生的认知基础、学习能力及非智力因素方面的学习情意。

[①] 本节主要内容选用了《"三问"教学法:深度学习的聚焦》(华东师范大学出版社)一书的总论部分。主要撰稿人为本书作者王晓虹。

（1）学情分析的目的

无论是面向班级的群体教学，还是针对个体的个性化指导，都需要进行精准的学情分析。精准的学情分析有助于教学目标的明确具体，学生在每一个学习阶段的年龄特点、认知能力、学习需求等都是不一样的，只有充分了解学生现有的知识经验、能力基础和心理特点，才能有的放矢地设定教学目标、进行教学活动；精准的学情分析有助于教学内容的精当把握，教师基于学情分析，对教学重、难点准确把握，对教学内容有序重组，从而梳理出教学过程中最核心的知识脉络；精准的学情分析有助于教学策略的恰当选择，教学过程是一种师生双边活动的动态变化过程，教学策略与方法的使用与调整，应基于学生学习的实际情况，教师的讲解、活动的设计、学生的练习都应基于学情分析。

（2）学情分析的内容

学情分析所涉及的内容相当广泛，学生现有的知识结构、情趣特点、思维特征、认知状态、心理状况及发展的愿景等都有可能影响学生的学习，都应该是学情分析的关注点。我们所提倡的学情分析，大致可以分为以下三方面、八个知道。在实践中，要根据不同的需要来明确学情分析的侧重点。

第一方面是学生现有的认知基础。学生已经具有了哪些知识储备，达到了什么水平层级，还存在哪些困难，等等。只有针对这些情况进行深入了解，然后才能够对症来下药，量体裁衣，才能真正呈现出因材施教的教学状态。具体来说，应该做到两个"知道"：知道学生的知识水平、知道学生的困难疑惑。

第二方面是学生现有的学习能力。知识是一个可以衍生的系统，是可以发展的。学生在接受知识的过程中，教师除了引导学生掌握新知识以外，还需要借助教学手段，让学生掌握学习的技能、技巧，尽最大可能帮助学生进入"最近发展区"。因此，充分了解学生的思维能力、接受能力、迁移能力、创造能力等因素，也是教学活动的关键。具体来说，应该做到两个"知道"：知道学生的思维方式、知道学生的学习方法。

第三方面是学生现有的学习情意。主要指向学生的习惯、动机、意志、品质等非智力因素，需要侧重了解学生身心发展的各种特点，需要了解学生的未来发展愿景等；要能够科学提炼和总结出共性规律，作为教学活动设计与实施的重要参考。简要来说，要做到四个"知道"：知道学生的心理特点、知道学生的学习态度、知道学生的兴趣爱好、知道学生的学习需求。

(3) 学情分析的方法

教师在课前、课中、课后等不同时段所进行的学情分析对各个教学环节均会起到引导和支持作用,但由于对促进教学有效性的价值是不同的,因此,所采取的分析方法也不尽相同。

课前学情分析的意义,在于科学调研学生知识储备、学习经验、思维方式等信息,科学定位教学目标,从而为教学内容的分配、教学策略的选择等教学设计提供方向,主要可以采用前测、访谈和问卷调查的方法;课中学情分析的意义在于实时了解、判断学生的学习状态,从而为及时调整教学节奏和教学策略,调整教学预设,生成教学"火花"提供契机,主要可以采用观察和提问分析的方法;课后学情分析的意义,在于分析和评价教学目标实现的程度,从而为教学的反思和改进提供依据,主要可以采用后测、访谈和作业调研的方法。

学情分析根据不同的主体和需要,其侧重点也是不同的。对于学校而言,学校课程的开设要充分了解本校学生的发展愿景,立足生涯规划,全面提升学生素养;对于教研组计划、教学进度的制定,要立足知识的系统性等方面的分析;对于教师一节课的设计而言,需要综合考虑学习能力、学习态度等各种因素。

2. 精确设定目标

"到哪里去"即要求教师从学生的实际出发,思考要达到怎样的教学目标。教学目标是教师对教学活动预期达到的结果或标准,精确设定目标是教学内容甄选的基础,是教师进行课堂设计与教学策略选择的依据;精确设定目标是教学评价的基础,是教师进行科学评价的标准。从教学变革的历程来看,教学目标经历了由"双基"到"三维目标"再到关注"学科核心素养"的过程,其变化反映了国家对人才培养目标发展的进程。

(1) 教学目标设定的原则

学生通过每一门学科的学习,逐步形成正确价值观念,完善必备品格,锻炼关键能力,是每一门学科、每一个教学活动都必须关注的,因此,教学目标的设定要有整体性。

教学目标的设定应立足学生的学情,只有建立在真正了解学生的能力、水平、学习需求等基础上,再结合学科课程标准,来进行有针对性的目标设定,才不至于出现目标过大或者过小的情况,才能够保证教学活动是行之有效的,因此,教学目标的设定要具有针对性。

(2) 教学目标设定的路径

如何全面、深入地理解凸显"学科核心素养"的课程标准并落实,确立科学、有效且可评、可测的教学目标,我们认为可以通过单元教学目标的精准设定来实现。单元教学目标的设定有助于教师在整体目标的指引下,完成关注学科核心素养的学习任务的设计。

如何更精准地设定单元教学目标,我们认为可以通过"单元教学坐标系"的构建来完成。

坐标系是理科研究常用的辅助方法,能够直观地呈现出各个事物之间的相互作用和关系,而建立"单元教学坐标系",就是为了进一步明确教学要素间的关联,从而科学、有效地指导我们精准地设立单元教学目标。

"单元教学坐标系"的横坐标为"单元知识",内容参照各学科的课程标准、教材、教学基本要求等素材;纵坐标为"能力层级",各学科可以以布鲁姆的学习水平分类系统为基础,同时参考各学科课程标准及考试手册中对于目标层级的相关说明,将目标分为若干个能力层级。横坐标强调单元相关知识内容的基础性和不可或缺性,纵坐标体现了学生认知从简单到复杂的能力,讲究目标的层次递进。在横、纵坐标的相交处,以核心素养点状分布的方式形成知识—能力—素养之间的关联。如左图所示。

为了使得知识—能力—素养之间的联结更为合理,教学目标的设定更加准确,"单元教学坐标系"的构建须以解读学科核心素养和精选单元核心知识为基础。首先,教师应充分了解学科核心素养的内容及特征,关键词的内涵及外延,各维度之间的关联。其次,教师应在全面把握学生学情的基础上,仔细阅读学科课程标准、教材单元文本,对单元内容、结构及内涵进行深入的研究和分析,梳理得到单元教学内容的主题与脉络,筛选出单元核心知识内容,并科学定位能力层级。最后,教师应将素养、知识与能力实现贯通,形成完整的坐标体系。

合理使用"单元教学坐标系"有助于深化我们对于课标及教材的理解。当我们通过自主思考、组内研讨等方式,建构起一个学期甚至一个学年的教学坐标系时,可整体把握学科教学的内容分布,由此选择更为适宜的教学策略。

二、"二问":内容和方法

"三问"教学法的第二环节是对课程教学内容与具体教学方法的确立。与"第一问"中对学情与目标的聚焦不同,"第二问"则更加着眼于对具体课堂教学当中教学内容的确定与教学方法的设计。在确定了具体的学情与教学目标后,教师及其教研组应当在此基础上进一步对课堂教学的内容予以确立,再进一步思考和设计怎样的教学方法有利于学生的学习与课堂内容的展开。其实质是在充分了解学生"在哪里""到哪里去"之后,还要思考"怎么去"。而"怎么去"的关键是课堂,课堂上教什么、怎么教,都应基于学生学习起点并直接指向教学目标的达成与否。

1. 提高把握教学内容、驾驭教材的能力

学校课堂教学的重要任务,就是最优化实施国家课程。在实施过程中,教师既要全面、深入地理解凸显"学科核心素养"的课程标准,同时也要依据学情和教学目标,对教材进行整体把握、精确重构,分阶段、分模块地实施,还需要优选教学参考辅助材料。即以国家课程标准为基准,立足实际,整合出最适合学生的教学内容。

(1)掌握课程标准

教师理解和掌握学科课程标准,是把握教学内容、达成教学目标的前提条件。

基础教育课程承载着党的教育方针和教育思想,是国家意志在教育领域的直接体现。2017年,教育部重新修订了普通高中各学科课程标准,这是一套既符合中国国情,又具有国际视野的纲领性文件,体现了三个特点:一是各学科基于学科本质凝练了本学科的核心素养,明确了学生学习该学科课程后应具备的正确价值观念、良好品格和关键能力;二是进一步精选了学科内容,重视以学科大概念为核心,使课程内容结构化,以主题为引领,使课程内容情境化,促进学科核心素养的落实;三是明确了学生在完成本学科学习任务后,学科核心素养应该达到的水平,各水平的关键表现构成评价学业质量的标准。

(2) 重构教学内容

教师基于学科课程标准和学生学习实际进行教材内容重构,是达成教学目标的重要手段。

基础教育教材一般是遵循由简单到复杂、由具体到抽象的螺旋式编排原则,根据教育规律,每个年段都有不同的要求,逐步帮助学生对学科知识形成比较完整的认识。教师需要统观全局,熟悉教材中教学内容编排体系,研究教材各章节知识的内在联系,分析课程标准中的学业质量水平层级,依据学情和学生认知规律,整体考虑,从教材内容结构和实施时间上做出适当安排,使学科中的不同内容和思想方法既各显其能又和谐统一,以期达到较好教学效果。由于知识的掌握有一个反复的过程,能力的形成有一个逐步上升的过程,教师对教材的整体把握和重构显得至关重要。

(3) 精选教学资源

教师利用各种教学资源来提升学识修养,是把握教学内容和驾驭教材能力的一种重要表现。

首先是博览,这是一种治学态度。可以从纵横两方面收集、查阅资料,积累整理资料。纵向的包括各种学科参考、指导书,各级杂志上同行的经验成果,国内外最新的研究信息等;横向的包括教育学、心理学等方面的书籍。其次是筛选,这是一种治学之道。教学中,不同的见解处处可见,通过比较、分析、判断,形成对问题的独特见解,从而完善对学科的认识。最后是创新,这是一种治学能力。所谓根据所处教学情境积累的经验,不一定适合每个人的全部实际,更不可能为每个问题提供正确答案,对参考材料不简单模仿,而是加工、改造,这就是创新。

2. 优化教学方法

课堂上,教师如果只注重讲授,其实质就是用讲授代替了学生的学习,同时也必定挤压了学生学习的时间与空间,导致学生在课堂上无法体验知识产生和发展的过程,从而无法习得方法、得到收获。换言之,就是教师在课堂上是否坚持"以学习为中心",在很大程度上决定了学生会产生什么样的学习效果。

以学习为中心,注重三个关键:学习策略科学、教学节奏适当、教学环节均衡。

(1) 学习策略科学

以学习为中心,就是提倡教师要从认知策略、情绪调控、教育资源使用等方面指导学生选择适切的学习策略,促进学生思维能力的培养和发展。

情绪调控、教育资源使用等策略是为了更好地使学生的学习和认知活动得到积极发展,因此认知策略是核心,情绪调控、教育资源使用和认知策略之间是相互联系、相互补充的。高中阶段的知识一般有描述性知识和程序性知识两种,其认知策略大致分为三个层次:是什么?为什么?还有什么?

要搞清所学知识是什么,可采用教材的阅读、讲解的变奏、训练的变式等方法;要研究其为什么,可通过进一步追问、质疑、讨论、评价等,加深理解,提高思维能力;在研究了某一知识"是什么、为什么"之后,还要问一问"还有什么",即通过对学过的内容进行梳理总结,反思自己是否真正把握了知识结构。一个人对学习知识的体验是有时效性的,如不及时进行总结,这种体验就会消退,从而就会失去宝贵的思想方法形成的机会,失去从经验上升到规律、从感性上升到理性的机会,这是学习的一种最大浪费。

(2) 教学节奏适当

以学习为中心,必须强调教师的课堂主导地位,教师对课堂教学节奏的把控是影响学生学习情意的重要因素,为此,对课堂教学提出了"缓坡度、高密度、快节奏"九字要领。

缓坡度,即教师要注意教学目标设定的层次性,依次螺旋上升;要注意教学内容安排的层次性,分散难点、突出重点、由浅入深;要注意教学实施的层次性,不同难易的问题选择不同的方法和不同的学生来解决;要注意作业布置的层次性,作业的数量与难度因人而异。要以中间学生的有效学习来带动学习稍有困难的学生,促进学有余力的学生学得更好。

高密度,即指课堂教学要把控信息量的扩充,关注思维量的增加,重视交流量的提高。高密度的课堂,对教师的教提出更高要求:重点突出,简明扼要,不拖泥带水;生动有趣,举一反三,不就事论事。

快节奏，快节奏不是快进度，而是教师采用小步子、高频率的方法，减小知识坡度，加快学习速度，缩小学生学习差距。课堂节奏是一种规律，也是一种艺术。课堂节奏包括：内容轻重疏密搭配的节奏，师生交替活动的节奏，等等。

（3）教学环节均衡

以学习为中心，强调了学生是积极主动的知识建构者的地位，就需要教师在课堂上给学生"读、想、讲、练"的机会，"使学生成为独立的、自主的、高效的学习者"。

"读"是指导学生阅读教材，写读书笔记，这是教学的基础；"想"是让学生独立猜想、思考问题，这是教学的关键；"讲"是教师进行启发诱导，或学生讨论、回答问题，这是教学的重要环节；"练"是让学生主动、独立地练习，这是掌握知识的重要途径。

课堂上的"读、想、讲、练"是有机统一的，教师制定学习任务单，指导学生自学教材，思考学习问题，让学生在尝试自主学习的同时提高自学能力；另外，教师须在课堂中创造让学生没有困难地再现知识、运用知识的机会，以达到帮助学生巩固知识的目的。当然，对不同学科、同一学科不同内容的课堂而言，其侧重点各不相同，但作为课堂教学的重要活动环节，使学生能在老师的帮助下，主动进行课堂上的主体参与，这既有助于调控其学习动机、学习过程、学习技能，形成学生自己对知识的独立理解，培育和提高学科核心素养；也有利于学生非智力因素的发展，更为学生可持续发展奠定基础。

三、"三问"：反馈与评价

反馈与评价是依据教学目标对教学过程及结果进行价值判断，对教学决策提供有用信息的过程。反馈是在教学过程中，教与学双方各种信息的相互传递和相互作用。其中，反馈面向于课堂学习情况的信息集中，而评价是在教学反馈的基础上指向于教学过程和教学效果，二者相辅相成，互为补充。反馈与评价共同指向的是学生在某一阶段、某一学段的学习效果。

对于整个课程教学而言，反馈与评价的作用不仅是测试学生经过课程学习后的知识水平那么简单。它的本质是在测评学生的基础上对当前课程教学的质量予以考察,并在考察的基础上对课程的各个环节乃至整个课程体系进行相应的调整与改进,从而在一轮轮的评测中迭代更新课程的主题、内容及其教学质量,进而满足学生不断发展的学习需求和适应班级学生与众不同的学习状态。

1. 反馈与评价的原则

反馈与评价是教师测量教学效果的重要途径,是基于教学实践而进行的效率评估,因此,反馈与评价应该注重以下三个原则:

（1）及时性

当教师在进行评价并获取反馈信息时,一定要及时对这些反馈进行回应,以保证这些反馈的时效。特别是捕捉到学生错误认知的反馈信息时,应该及时对其进行纠正,并迅速做出教学策略的调整,这样能大大地提高课堂效率。

（2）全面性

教学要面向全体学生,反馈与评价的对象也应该是全体学生。教学评价与反馈不能只针对个别学生展开,应当涵盖不同层次的学生。每个学生都是不同的,当面对不同层次、不同能力、不同性格的学生时,教师应该因材施教、因地制宜,从而才能在量大面广的反馈中全面真实地反映教学目标的达成度。

（3）科学性

反馈与评价必须是科学的。要制订科学的评价方案,形成相对完善的反馈机制,才能在反馈数据的基础上,进行科学的分析,得出客观的、科学性的结论,才能够规避学习方向的偏离,避免走弯路、走错路的现象,才能精准定位学生到底"走到了哪里"。

2. 反馈与评价的标准

为了确保反馈与评价的及时、全面、有效,我们认为其在实施过程中需要有相对明晰的标准。其对象是学生,其目的是提高教学效果,其载体是教学内容的逐步贯彻与落实,这就需要在进行评价时充分考虑学情、教学目标、教学内容等因素,做到"三合"。

（1）是否与学生学情相吻合

在反馈与评价时,要注重是否与学生学情相吻合。这个过程是评价—得到反馈的信息—再评价—改进教学策略—达成教学目标的过程。因为学生的年龄、性格和能力等都不尽相同,教师只有根据实际制定学习评价的标准,形成一定的机制,才能量大面广地反映教学目标的达成度。

(2) 是否与教学目标相契合

在反馈与评价时,要注重是否与教学目标相契合。教学目标既是教学的出发点,同时也是教学的归宿。教学目标的达成度实际上就是对教学效果的检测,因此,教学反馈与评价也需要以教学目标为引导和指向。在教学过程中,教师通过反馈与评价的实施,收集学生的反应并有针对性地调控教学行为,规避教学方向的偏离,对教学目标的达成起着至关重要的作用。

(3) 是否与教学内容相贴合

在反馈与评价时,要注重是否与教学内容相贴合。教学内容经过教学行为的展开转化为学生的知识与能力,教师要明确教学内容是否已经被学生吸收、内化、应用,需要有相应的反馈与评价机制加以测量,以此确保教学内容的有效开展,从而达成学科核心素养的有效培养。

3. 学习反馈与评价的策略

学习反馈与评价是引导学生学习和发展的关键方式,也是教师检测学生"走到哪里"的重要手段。

在实施过程中,我们主张课堂与课后的两个结合,即课堂观察与课后记录相结合、课堂练习与课后作业相结合;多种评价方式的综合,即学生自评、小组互评、教师评价等方式综合起来;多个评价侧重点的契合,即目标的达成、内容的选择、过程的实施、方法的掌握等相配合使用。

同时,根据反馈与评价的对象,以时序为标准,进行"即时性""阶段性"和"总结性"相结合的方式,可以使反馈与评价程序化繁为简,事半功倍。

(1) 即时性反馈与评价

课堂教学中的即时反馈与评价往往是教师运用语言对学生在课堂上的学习态度、方法、过程、效果等方面进行即兴点评的过程,它是促进学生成长、提高课堂教学质量的重要手段,有着反馈、激励、调控、导向的作用。课堂上的即时性反馈与评价主要为了激励、唤醒与鼓舞,调动学生参与的热情,发掘学生的诸多潜能,它利于打开学生思维的闸门,促进课堂效果和课堂的有效生成。

(2) 阶段性反馈与评价

阶段性反馈与评价一般是在某一种学习阶段结束之后进行,按照内容划分可以是在某一个知识点、某一个章节、某一个单元学习结束之后,也可以根据时间周期来划分,包括一周、一旬、一月等,它是对学生发展目标实现程度做出的较为规律的评价与反馈,是一种动态的评价与反馈。它可以有效帮助学生认识自己的不足,查漏补缺,调整自己的学习策略;可以帮助教师发现教学中的不足,从而及时调整教学策略,重组教学内容,改进教学方法,使教学实施更顺畅。阶段性反馈与评价是教学过程中不可缺少的环节,是老师与学生了解教学和学习效果,调整"教"和"学"行为的重要手段。

(3)总结性反馈与评价

总结性反馈与评价一般是指某一教学活动告一段落后,为了解教学活动的最终效果而进行的反馈与评价。学期末或学年末,各类学业水平测试、综评等都属于这种方式,其目的是检验学生的学业是否最终达到了各科教学目标的要求,是否达到了培养学生学科核心素养的目标。总结性评价指向的是学生在某一学段结束之后所达到的学习效果,以总结性的评价手段与反馈内容对被评价者做出全面鉴定,做出客观的、量化的评价,并对整个教学活动的效果做出总结性评定。

"三问"教学法凝结了学校长期以来在学科教学管理上的先进理念与科学经验,展现了学校优秀教师长期以来在教学实践中既有共性又独具特色的教学主张与思想精华,凸显了学校的教育智慧。相较于传统教学法,"三问"教学法最大的特点在于它的普适性与高效性。这些特点使得其能够突破课程的学科壁垒、主题差异,能够让教师通过条理性的策略迅速入手课程的教学工作;又由于其基于学生学习本位的思路特点,也在很大程度上保障了课程的质量与教学效果。也正是由于来自"三问"教学法的保障,学校的"全景式课程群"在实施和推广过程中能够在一线课堂教学中得以高质量落实。无论是在国家课程还是在各系列的校本课程,"三问"教学法都引导着各个学科教研组和一线教师具体的教学工作的顺利开展。

第二节 "三问"教学法的实践

在实际的学校教育教学工作中,对"三问"教学法的推广实施有效地支持了"成才教育"思想贯穿学校的各学科、各课程教学当中。而为更深入地推动教学法在课堂教学中的实施质量,上海市第六十中学制定了层级培训—科学管理—校本教研的实施策略。

一、层级培训助力"三问"教学法有效落地

在具体的实施推广过程中,虽然学校领导层与教研组已将"三问"教学法的具体思想、核心架构、策略方法等关键内容予以细致深入地整理总结,并在学校实验班中予以成功施教。然而在全校范围内实践推广的开展,仍然是"三问"教学法有效落地工作的关键步骤之一。其中,以层级式高效的培训机制实现实践推广工作取得了良好的实际成效。

在培训过程中,学校以全覆盖、多形式、分层级的培训方式促进教师对"三问"教学法的全面认识与深入理解。培训主要分为三个层级阶段依次展开。在培训的第一阶段,学校全体教师层面以"三问"教学法的理论基础与实施模型为主要内容展开培训,培训以理论内容、课程观摩等多元形式向学校全体教师翔实地展示了"三问"教学法的全部内容。在第一阶段的全体教师层面培训后,学校组织各年级学科组,以学科组骨干教师为核心,向整个学科组教师的"三问"教学法具体实施工作展开相应的教学帮扶工作,骨干教师层面以"三问"教学法的实践案例与经验分享为主要形式对所在学科组教师进行进一步培训,并组织学科组定期交流讨论教学法在实施过程中出现的具体问题并共同交流

商议给出具体解决对策。培训的第三层级旨在帮扶学校教学经验薄弱的职初教师,在学校各学科组的指导下,对各学科职初教师采用头脑风暴的形式开展培训,组织学校导师和学习伙伴针对教学中的实际问题互动研讨,以"三问"教学法实施方略指导形成解决问题的有效策略,有效支持职初教师相应教学能力提升与发展。

二、科学管理确保"三问"教学法精准实施

科学的管理模式是确保"三问"教学法在课堂教学过程中得以有效实施的重要保障。在具体的管理中,上海市第六十中学以教学实施的基本单位——教师作为管理对象,逐渐摸索出标准统一、多元管理、督查严谨、个性反馈的科学化教学管理模式。

在具体的教学管理工作实施中,学校以明晰的要求和科学的制度来规范教师的教学行为,从而推动"三问"教学法在教学全过程中的有效实施。依据"三问"教学法的主要精神,学校重新设计了教师备课笔记的呈现形式,要求每份教学设计中须有学情分析与目标设定,要求教学完成后须进行反思与评估(表 4.2.1:上海市第六十中学课堂教学自查表)。课程与教学处对教学过程中的备课、听课、作业批改(表 4.2.2:上海市第六十中学教学常规评价表)等,建立了期中、期末常态化检查与专项督查相结合的评估制度与机制。

表 4.2.1 上海市第六十中学课堂教学自查表

说明:请在"达成情况"一栏中填写相应数字,1 未完成;2 部分完成;3 基本完成;4 较好完成;5 熟练并准确完成。请在以下观察点中任选两个,反思教学设计,提出应对策略,填写于"课后反思"中	
一问:学情与目标	
观 察 点	达成情况
1. 学情分析 充分了解学生的认知基础、学习能力和学习情意	
2. 目标设定 科学、合理、准确,符合课程标准与学生学情	

续　表

二问：方法与内容	
观　察　点	达成情况
3. 教学内容　　掌握课程标准，重构教学内容，优选教学资源	
4. 教学方法　　学习策略科学，教学节奏适当，教学环节均衡	
三问：反馈与评价	
观　察　点	达成情况
5. 方式与效果　自评与互评相结合，及时、全面、科学地进行反馈	
综　合　素　养	
观　察　点	达成情况
6. 综合素养　　教学仪态、语言表达、板书设计、作业设计	
课后反思	

督查后，课程与教学处将优秀的教学实践案例通过专题培训向全体老师推广，帮助教师在实践中学习、反思、改进与提升；针对督查后发现的不足，课程与教学处会通过个人访谈、发送个性化评价卡片等方式及时向教师个人反馈，以帮助教师及时发现问题、及时调整并改进教学行为。

三、校本教研推动"三问"教学法高效落实

校本教研是以学校教研组活动为研究主阵地，以学校教师为主体，以学校教育教学中的问题为研究对象，以促进学校发展、教师专业化发展为目的，集教师培训、教育科研和教学研究为一体的研究制度。学校向来重视基于"三问"教学法的校本教研的建设与实施，在日常扎实推进的过程中，尤其关注并落实以下四个重要的阶段的关键任务。

表 4.2.2 上海市第六十中学教学常规评价表

学科：_____

年级	姓名	备课笔记			听课记录			作业批改			总分
		A	B	C	A	B	C	A	B	C	
		教学设计完整、有新意，课后反思详尽	教案数量达标，教案内容基本完成	教案数量不足，内容条理不清或有所遗漏	听课记录翔实，并能有所侧重，有所反思	听课数量达标，听课记录基本完整	听课数量不足，听课记录潦草，混乱	批改认真，有批语，指导激励学生	批改及时，正误分明，标注日期并有复批	批改不及时，过于随意或批不改	备课笔记＋听课记录＋作业批改（满分15分）A＝5分 B＝3分 C＝1分
高一											
高二											
高三											

1. 主题确定阶段

学校课程与教学处会依据课改中的热点、难点和重点问题，以及日常教学中具有普遍性或典型性的现象，侧重于"三问"教学法中的某一具体维度，确定每学期的校本教研主题。例如自 2019 年起，学校每年的学术季教学及教研主题就紧紧围绕"三问"教学法展开，但又有不同，如下表所示：

年 份	主 题
2019 学术季	以学习为中心的"三问"教学
2020 学术季	"三问"引导下的校本选修课程实践
2021 学术季	基于"三问"教学法的单元教学
2022 学术季	深化"三问"教学实践，聚焦单元学习活动

2. 计划制订阶段

在明确校本教研主题后，学校课程与教学处会先制订校级教研方案，其中包括拟解决的关键问题、教研目标和内容、教研路径与方法，同时提供教研工具、学习资源等方面的支持和保障。学科教研组在此基础上通过组内研讨等方式进一步明确各组教研的时间地点、目标任务、团队分工、过程形式等实施细节，使得校本教研的进度和质量能够得到基本保证。

3. 活动开展阶段

在校本教研实施阶段，学校会根据不同类型教师的研究与学习需求，组织安排丰富多样的教研活动。例如：面向全体教职工开展主题为"新教材背景下的'三问'教学法新实践"经验交流会；面向学校骨干教师开展主题为"紧扣'三问'教学法，形成科学有效的教学范式"的专家讲座。另外，各学科教研组的研讨方式也不尽相同，例如"常规式"上课评课、"课例研究"式观课议课、问题式的课题研究、读书分享式的交流论坛等。（如表 4.2.3 教研组深度教研计划）

4. 评价反馈阶段

在校本教研实践中，学校课程与教学处负责过程管理和有效指导，各学科教研组梳理过程性材料，总结阶段性成果，其中包括教研实录、活动照片等。学

表 4.2.3 上海市第六十中学教研组深度教研计划(2023 年 2—4 月)

主题：深化"三问"教学实践，聚焦单元学习内容					
序号	教研组	活动主题	活动地点	活动内容		活动时间
1	语文	基于审美鉴赏与创造的语文必修上第七单元学习活动设计与实施	7401	1	高一高二确定研究单元,讨论授课内容和学习活动,落实"三问"教学法	3.9
				2	主讲教师上课录课、说课,其他教师评课	3.23
				3	两个单元学习活动的综合研讨,形成具有一定特色的单元活动方案	4.13
2	数学	基于数学建模素养的"概率初步"单元教学设计实践与研究	7401	1	高一高二确定研究单元,讨论授课内容和学习活动,落实"三问"教学法	2.28
				2	主讲教师上课录课、修改	3.14
				3	观摩录课,集体评课与研讨	3.28
3	外语	认知学习理论视域下文化意识培育——基于上外版英语选择性必修——Unit1 的学习设计	7401	1	高一高二确定研究单元,讨论授课内容和学习活动,落实"三问"教学法	2.27
				2	主讲教师说课,组内教师提出修改意见和建议,确定录课时间	3.13
				3	评课与总结,针对学习活动设计和实施进行点评,形成可推广的课例方案	3.27
4	历史	历史解释学科素养在高中历史单元教学中的实施	7308	1	高二、高三等级课教学设计集体研讨	3.2
				2	主讲教师说课与修改	3.16
				3	观摩录课,集体评课与研讨	3.23

续 表

主题：深化"三问"教学实践，聚焦单元学习内容					
序号	教研组	活动主题	活动地点		活动内容	活动时间
5	政治	基于政治认同培育的高中思想政治学科单元教学活动设计实践研究——以必修3第一单元"中国共产党的领导"为例	7407	1	确定授课单元和主题，讨论授课内容、设计学习活动	2.27
				2	主讲教师说课，组内教师磨课提出修改意见，确定录课时间	3.13
				3	开展评课，就预设、实施、活动效果进行点评和反思，形成课例	3.27
6	物理	基于真实情境问题解决下的高中物理"相互作用与运动定律"单元活动设计与实施	7312	1	确定授课主题，讨论授课内容、设计学习活动	3.1
				2	主讲教师说课，组内教师提出意见建议，确定录课时间	3.15
				3	观摩录课，并集体评课和研讨	3.29
7	化学	基于科学探究与创新意识的化学必修第二单元教学设计实践与研究	7109	1	确定授课主题和单元，讨论授课内容和学习活动	3.1
				2	主讲教师说课，组内教师交流讨论，提出修改意见和建议，确定录课时间	3.15
				3	组内教师评课，针对学习活动与活动效果进行点评和反思，形成课例	3.29

校对于校本教研的实效会依据问卷调查、教师访谈等进行评价；对于校本教研所取得的相关成果，还会通过教研组长会交流、编印专题纪念册、发布微信公众号推文等方式进行总结反思和宣传推广。

总之，学校不断健全并创新校本教研机制，使得活动主题聚焦、内容务实、形式多元、评价科学，促使教师在基于"三问"教学法的校本教研中充分发挥主动性和创造性，教有所思，研有所得，切实解决教育教学问题，提高专业素养和教学能力。

第五章 基于『成才教育』的教师发展

"成才教育",提倡师生"双向成才",且以教师成才为先。

作为"成才教育"思想落实的一线教育的实际践行者,教师队伍的整体质量直接决定了课程建设与实施的具体成效。因此,对于学校而言,如何建设一支高水平、高素质的教师队伍显得尤为重要。成才教育,提倡师生"双向成才"。"成才教育"思想和新时代"让每个人全面而有个性地发展"的办学理念不仅着眼于培养出一届届为未来成人成才做好准备的高中学子,更要培养出能够在一线践行"成才教育"、持续发挥教书育人作用的教师团队。为此,学校在"成才教育"思想的主导下,在数十年的教育改革中不断探索,持续完善了教师发展的顶层设计,提出了教师修身习能的具体要求,落实了教师层级进阶的举措。

近十年,学校队伍建设从平台搭建到机制完善,从个人培养到队伍建设都显现出良好的态势,教师队伍整体水平和综合实力都有所提升,能胜任"新课程、新教材"实施背景下教育变革的各项需要,且有一定数量的教师在相关领域有较高专业地位和影响力。这些成果的背后离不开学校科学的教师发展机制及其良好的实际落实状态。

第一节 做好教师职业发展的顶层设计

打造高质量教师队伍的关键在于塑造科学的学校教师职业发展体系,其核心支点在于对体系相应制度结构的合理设计。合理的体系框架能够从根本上引导和保障教师的职业发展,能够保障教师在学校工作中获得丰富的学习机会、良好的成长环境、科学的规划指导、丰富的资源保障、成熟的发展平台及畅通的晋升渠道[1]。而如何将这些内容与教师职业发展体系框架进行有机结合,则需要对整个职业发展的体系进行完善的顶层设计。

在"成才教育"思想的引领下,学校根据发展的实际状况与教师队伍的实际水平,在深入调研学校教师发展需求的基础上,科学制定了一系列推动教师职业发展的学校制度及其运行机制。学校持续完善教师队伍建设的顶层设计,制订基于学校发展规划的教师发展规划,制订分阶段、分类推进方案,将"研训一体"校本研修与教师分层分类培养发展相结合,努力形成一支与市实验性示范性高中相匹配的师资队伍。

一、明确教师修身习能的具体要求

在学校,教师的职业道德、工作态度,对学生是有形的教育,是"身教",学生可以从教师身上实实在在地感受到应当怎样做人做学问。为此,学校倡导教师"三个要"。

教师要目标高远、精神富有。教师要具有较高的思想觉悟和良好的道德品

---

[1] 胡瑞波. 教师专业发展的新思考:基于学习型组织理论的视角[J]. 中国成人教育,2016, No. 408(23):137-139.

质,具备"敬业爱岗、团结求实、无私奉献"的工作作风,把以人为本的精神体现在人格、信念、责任、操守上,学会尊重、关怀、宽容、协作,严于律己,为人师表。

教师要治学严谨、学识渊博。教师如要扩展学生的精神世界,提高学生的思想政治素质,发展学生的智力与能力,就必须以自身的知识、能力和思想道德水平为基础。一名优秀的教师,必然能以科学的方法,不但教给学生正确的知识,还教会学生探索知识的方法。

教师要热爱学生、公正诚信。"平等和谐"是师生关系的主旋律,教师应把学生当作自己的朋友,关心爱护,使之对教师产生亲情感;把每个学生都视为好学生,一视同仁,使之对教师产生信任感;把学生视为教师工作的合作者,共同实现心中的理想,使之对教师产生敬重感。

二、制订各级教师的发展规划

"成才教育"思想奉行以人为本的教育理念,这一理念不仅强调学校对学生教育引导与因材施教的落实,也引导着学校将教师的职业发展与专业成长纳入重点的工作内容当中。其中,制订完善的各级教师发展规划对在职教师职业发展予以具体的指导和帮扶成为学校的具体策略。

在具体的工作环节中,学校相关中层部门与各学科组指导教师制订个人发展规划,完善教师成长档案。学校对教师专业成长档案进行了科学合理的完善和补充。新的教师专业成长档案包括:个人三年发展规划、读书笔记、经验总结、教育教学成果等。担任重要职务的教师还增加了部分内容,例如学科带头人的相关任务书、班主任的主题教育活动记录等。

教师成长档案突出"以发展规划引领教师专业成长"的特点,每位教师根据自身情况,深度剖析自己的优势和不足,明确努力方向,制定落实措施。通过完善教师专业成长档案,加强过程性管理,使教师在专业发展中获得职业幸福感、实现人生价值追求。成长档案力求真实,由教师自我根据自身具体的工作情况予以合理分析。档案内容应以提高教师专业水平为目的,而非将其列为教师评优评先的标准,避免陷入形式主义。学校根据教师档案中内容结合教师实际情况,整合学校资源,对教师成长需求予以及时帮扶,合理运用学科组、资深教师等资源对普通教师与青年教师的成长发展予以指导。

这里,通过对学校教师的个人发展规划案例的展示,着重介绍学校运用教师专业成长档案实现青年教师专业成长的具体内容与方法。

教师个人发展规划示例1:

上海市第六十中学青年教师
L——一年专业发展规划(试行)
(2017年7月—2018年6月)

姓　　名	L	性　别	女	出生年月	19××.××	民族	汉
籍　　贯	上海	何时参加何种党派		职　务		职称	见习
毕业学校	××师范大学			学历/学位		本科	
教　　龄	1	班主任年限	1	任教学科		英语	
自我分析（SWOT分析：优势、劣势、机会和威胁）	优势: 1. 课堂氛围活跃轻松,学习环境良好; 2. 和学生距离感较小,师生关系融洽; 3. 具有恒心、细心及很强的责任心; 4. 乐于学科整合,增加跨学科学习,提高效率。 劣势: 1. 经验不足,缺少一些切实有效的组织课堂及管理班级的能力和教育方法,意向为人师表,但实践上仍有较多缺点和不足; 2. 上课速度有时太快,可能会导致基础较弱的同学有些跟不上; 3. 对教材研究不够透彻,讲的内容较多,上课的技能仍须加强; 4. 教学实践经验少,对于突发事件的处理缺乏丰富有效的经验和正确处理个别问题学生事件的有效方法,与家长沟通的语言艺术上仍须努力; 5. 拖延症。 机会: 1. 学校教学环境开放,领导重视,每年都会有许多教师有机会走出去听课学习,或请进优秀教师示范交流,帮助教师成长; 2. 学校给青年教师成长创造了很多的活动展示机会及各类公开课的锻炼机会。 威胁: 1. 两个班的教学量加一个班主任的工作量导致备课的时间变少,自我思考及反思的时间变少; 2. 有时候做事比较急躁,必须学会完善性格,提高个人心理素质; 3. 学生家长的过分不合理要求。						

续 表

个人达成目标	1. 希望在学科教学上有更多的进步空间； 2. 能够更有的放矢、因材施教； 3. 希望能够平衡班主任及任课老师的工作时间。
实现目标的措施	1. 更多的校外听课及组内学习； 2. 随着教学经验的慢慢积累及增长，更多地积累学生的易错点和混淆点； 3. 深入钻研教材，挖掘教材上知识点内在的联系，不断完善自身的教学特色，最终形成自己独具特色的教学风格； 4. 给自己更多的空间与时间来平衡教学和德育。
希望学校给予的帮助	1. 希望能够有更多的机会观摩名师或名校的课堂； 2. 希望能给青年教师更多相互交流的机会，取长补短。

案例中的 L 老师作为入职一年的新手——英语学科教师，在经历了一段时间的教学和班主任工作后，利用成长档案清晰地整理出自己在教学工作中的优劣势及自己在教学环境中真实感受到的成长机会与成长挑战，整理出自己存在教学经验不足、管理技巧有限、缺乏沟通能力等实际问题，意识到可以运用各类学校的教学资源来进一步提高自己，但也真实地面临着自我教学反思过少、部分家长存在不合理要求等现实矛盾。学校根据 L 老师的具体情况，组织学校学科组力量，不仅配备了引导其专业成长的资深教师，作为其"指导教师"予以工作帮扶，也通过学校中层管理部门与年级组的努力，对其在具体班级管理等内容中存在的现实矛盾予以化解。

第二节 筑高教师素养提升的各类平台

学校向来注重为教师搭设各类提升职业素养的平台与渠道，注重教师综合素养的全面提高，为教师素养的"专"与"精"、"广"与"博"搭建"多样化"综合素养提升平台。这些平台的搭建为各个教师的职业发展提供了多元化的成长空间与展示舞台，也为整个学校教师队伍水平的稳定增长提供了有力的保障。

一、"修身""习能"，全员成长

学校坚持以校本研修为主阵地，以师德建设和专业能力提升为重点开展全员培训，培训过程重视文化浸润和实践历练，引领广大教师增强专业学识和育人能力，提升综合素养。

1. 聚焦"修身"，提升育德能力

学校强化育德能力培训，着眼于教师人文素养、法律道德素养、身心健康等方面的提升，营造全员学习文化，提升教师育德能力。

一是营造阅读文化，提升教师人文素养。营造书香四溢的阅读文化，一直是校本培训的重要内容。学校要求教师每学期至少读一本好书，认真撰写读书笔记，聘请专家点评，并举办读书论坛表彰和分享优秀笔记。近两年，学校又开展教师阅读力提升、思想力修炼等校本培训，探讨阅读方法论，引读"大师"经典。为了给教师们创造更加优质的阅读环境，学校翻新了教师阅览室，充分利用办公楼走廊，建立了开放式的流动书屋和文化长廊；借助学校网络平台进行读书资源分享；充分利用社会资源组织教师参观画展、博物馆等。通过营造阅读文化，丰富阅读形式，拓展阅读环境，培养了教师良好阅读习惯，提升了教师人文素养，让教师在阅读中反思、研究和成长。

二是引入优秀文化,丰富教师育人内涵。近几年,学校通过名人讲座、演出观摩、交流分享等多种形式引入优秀文化,加强对教师法律道德、人格魅力等方面的指引,滋养了教师的精神。如特邀熟悉民族宗教事务的专家,做主题为"宗教文化漫谈"的讲座;特邀全国知名专家,做主题为"课堂魅力的营造"的讲座等。通过引进优秀文化,丰富了教师育人内涵,增加教师职业幸福感,促使其进而成为更有魅力的教师。

2. 聚焦"习能",提升专业能力

学校以教育教学实践需求为导向,强化教师在专业知识、实践能力、信息技术等方面的学习,搭建全员学习平台,提升教师专业能力。

一是搭建全员实践学习平台。学校结合教师需求,开展教育教学、信息技术、心理教育、教科研等方面的通识培训,如学校开发了"教师办公信息化平台"及其配套的信息能力提升校本培训课程;结合学校"全景式课程"建设,开展主题为"规范教学行为、丰富教学课程、促进团队发展"等实践体验类校本培训等。教师通过集中培训和自主研修相结合、个人反思与小组研讨相结合等参与到各类学习中。通过搭建全员实践学习平台,鼓励教师边学习边实践,边实践边反思,以研带训,以训促研,让教师在实践中寻求新的突破,促进专业成长。

二是搭建全员分享学习平台。学校每学年定期开展有主题的教育教学评比展示活动,通过互动交流,聚焦课程建设与课堂教学改革,激发教师内生动力,自我提升。同时,对优秀的教学策略、方法和组织形式予以总结、提炼,并加以推广应用,使更多教师的教学能力和专业素养在学习中得到提升。

班主任工作是教师生涯不可或缺的组成部分。近几年,学校积极构建"班主任共同体",借助团队智慧分享,实现班主任个体专业发展和德育工作团队的发展。"班主任共同体"由班主任和年级组长、学生处、学校领导、教育专家等共同构成,研修主要以年级组为单位,就班级管理、家庭教育、学生心理辅导、学生生涯教育等开展系列化班主任主题研训,通过"班主任共同体"学习平台的交流和分享,鼓励教师爱做班主任、帮助教师会做班主任、引导教师巧做班主任。通过搭建全员分享学习平台,为教师提供了一个平等宽松、共研共进的研修氛围,并通过同伴协作互助,提升专业素养。

二、复合转型，特色发展

随着教育教学改革的深入，教师逐渐从单一型教师向复合型教师转型，"特色发展"已成为教师成长成才的重要表现。新时代背景下的"成才教育"不仅需要某个学科领域的专家教师，还需要在"专"的基础上能够跨年级、跨学科承担多项任务的复合型教师。

学校为复合型教师的培养搭设平台，将"送出去培训"和"请进来指导"相结合。一方面，鼓励教师重视自身的专业发展，支持教师外出进修、培训、高层次学习等，并在时间和经费上予以保证，帮助他们提升专业或专项技能的水平，逐步形成教师专业特色；另一方面，学校鼓励教师积极参与校本课程的开发与实施，支持有能力的教师独立或牵头主持一个教育教学项目，如面对教育综合改革与"双新"实施，成立了"跨学科教学研究小组"，组内教师的学科背景涵盖了所有学科。同时，学校教师主动适应以"互联网+"为代表的新一轮信息技术变革，有效应用信息技术，变革传统教与学方式，取得良好效果。学校还将相关专家请进来指导，提升教师跨学科交流能力和课程开发能力。

目前，学校复合型教师队伍逐步成长，90%以上的教师参与学校课程开发和实施，复合型教师队伍中既有市、区、校级骨干，也有在全国、市级多项大赛中斩获一、二等奖的青年教师。

三、"寓研于教"，激活内驱

学校以教科研为导向，通过成立校学术委员会、进行各项科研成果奖评比及提供刊物发表等措施，鼓励教师"寓教于研"，以科学方法研究教育教学、以科研成果充实教育教学，力争成为"学者型教师"。近10年，教师积极推进"成才教育"的教育教学科研与实践，有多项课题在区级立项，参与学校市、区级教育科研课题和项目研究的人数达90%以上；在全国、市、区级刊物上公开发表论文200多篇。

学校通过科研培育，引导教师"寓教于研"，把不断进取创新作为追求目标，点燃成才教育智慧，成长为卓尔不群的"学者教师"，从而教出"不同凡响"的学生,创建具有"鲜明个性"的学校。学校大力支持青年教师投入学校教研工作当中,鼓励具有高学历背景的新手教师运用专业所长、知识背景与教学工作内容相结合,逐渐成长为具有高水平教研能力的中青年教师。其中,语文学科 C 老师就是学校教科研新星教师的典型代表。

教师个人发展规划示例 2:

上海市第六十中学青年教师
__C__——一年专业发展规划(试行)
(2017 年 7 月—2018 年 6 月)

姓　　名	C	性　别	女	出生年月	19××.××	民族	汉
籍　　贯	江苏	何时参加何种党派	20××.××.××中国共产党	职　务	教师	职称	无
毕业学校	××师范大学			学历/学位	硕士研究生		
教　　龄	1	班主任年限	无	任教学科	高中语文		
自我分析(SWOT 分析:优势、劣势、机会和威胁)	优势: 1. 有良好的进取精神和明晰的个人职业发展规划; 2. 工作踏实,学习认真; 3. 初步形成自己的教学风格; 4. 有较强的沟通协调能力; 5. 有一定的教科研能力和实践能力。 劣势: 1. 偶有惰性和畏难情绪,拙于动笔; 2. 理论联系实际的能力还不强; 3. 开展教学研究缺乏一定的系统性和连贯性; 4. 教学实践还不够丰富。 机会: 1. 学校青年教师的活动展示机会; 2. 学校各类公开课的锻炼机会; 3. 学校教研氛围浓厚,有利于自身发展; 4. 校内外带教师父的耐心指导,办公室老师的帮助。 威胁: 1. 竞争无处不在; 2. 绩效考核; 3. 制度改革的频繁变动带来职业危机; 4. 与时俱进,不断更新教育信息。						

续　表

个人达成目标	理论学习： 1. 研读至少两部教学方面的理论专著； 2. 阅读教育和语文专业杂志，了解教育教学研究前沿； 3. 充分利用网上图书馆，加强学习。 课程开发： 1. 开发完善语文拓展课课程； 2. 编撰修订校本练习卷。 课堂教学： 1. 上好课； 2. 通过教学反思实现二次成长。 教育科研： 1. 积极参加学校科研室组织的科研培训； 2. 积极参加教研组的课题研究，有阶段性成果； 3. 积极参与区教研活动。
实现目标的措施	1. 尽可能参加每一次校内外的观课、评课研讨活动，汲取营养，开阔思路，提升境界； 2. 研究学生，通过与家长交流、与学生交谈以及批改学生作业等方法，持续关注学生的"学"，反思改进自己的课堂教学； 3. 研究教材，厘清教材中各章节知识点内在的联系，结合学生实际，精准确定教学重难点问题，提升课堂教学效率； 4. 在教研组的统筹安排下，积极开设拓展课，提升自己的课程开发统整能力； 5. 积极参与学校各类项目小组活动，结合实际开展课题研究，提升教育科研能力。
希望学校给予的帮助	1. 多组织形式多样、内容丰富的教师培训； 2. 为教师专业发展创设良好环境。

同样作为新手教师的 C 老师，意识到自己的教学能力仍然有所欠缺，存在难以将自己在研究生阶段学习到的教育理论知识与实际的教学工作结合起来等现实问题。与 L 老师不同，C 老师已经更为主动地在日常教学工作中向带教师父（资深教师）与办公室教师求助和学习。但她也感受到由教育制度和外界环境的变化给自己带来的挑战及其压力。在带教师父的指导下，C 老师合理地列出了自己的个人成长目标及具体的实现措施。这些措施不仅在未来的发展中极大

地促进了教师教研能力的成长,也对其一线教学水平带来了极大的提高。在学校的帮扶和支持下,有五年教龄的 C 老师已经发表学术论文若干篇,并成为学校语文学科组青年科研课题的主要负责人之一,逐渐成为学校语文学科组的科研新星之一。

第三节 落实教师层级进阶的校本举措

结合合格教师、骨干教师和卓越教师三个层级的教师发展计划,学校对原有教师研修工作坊进行重构,分别成立"肇英园地"青年教师工作坊、"肇梁园地"骨干教师工作坊、"肇和园地"高端教师工作坊,聚焦优势资源,满足不同层级教师个性发展、特色发展和卓越发展需求,加快培养一批高素质的研究型、专家型教师。

层级进阶,优化教师梯队建设

根据教师在成长过程中多层次的需求,学校实行三个层级的教师发展计划:合格教师(入职1~5年)成长计划、骨干教师(入职5年以上)培优计划和卓越教师(校级及以上骨干)发展计划,努力打造一支师德水平高、教育理念新、业务能力强、发展空间大的教师队伍。

"层级式"教师专业发展培训模式,关注教师个性发展和可持续发展需要,由"一刀切"向"私人订制"转变,就不同群体教师的发展愿景、实施途径、成果展示等需求,提供与之相适应的培训项目,通过科研引领、导师指导等,聚焦优势资源,为教师成长和进阶助力,促进教师个人发展的同时也带动教师队伍的整体发展。

1. 合格教师成长进阶

教师职初阶段是教师生涯发展的关键时期[①],"合格教师成长计划"旨在依托见习期教师规范化培训和学校青年教师校本培训,引领职初教师们迅速成为

---

① 叶军. 地方高校青年教师职业发展的有效方式:愿景驱动[J]. 湖北社会科学,2011,No. 298(10):175-177. DOI:10.13660/j.cnki.42-1112/c.011210.

合格教师，站稳青春的讲台。

　　学校在职初教师的培养途径上做了积极探索，由师资处和校教工团共同策划组织，成立了"肇英园地"职初教师研修工作坊。一是对职初教师实施学科和德育双培养，通过教学指导和育人辅导，帮助职初教师勇挑重担，迅速成长；二是充分利用"肇和讲堂"平台，聘请校内外专家为导师给予职初教师指导；三是通过读书沙龙、观摩学习、分析讨论、角色扮演、微格教学与岗位实践等途径，对职初教师的教师基本规范和教育教学基本功开展可操作性的研修，使其尽快胜任教师岗位工作，并做好个人发展规划，逐级提升，崭露头角。

　　此外，学校大力发展主题生涯教育，围绕"教师品德""教师专业成长""教师职业素养"等多个主题，对职初青年教师展开各项研修活动。以各类项目式的研修活动学习展开青年教师的职业成长教育工作，让教师在各主题的实践与交流中切实增长其职业生涯发展意识，并合理搭建符合自身情况与发展的职业生涯规划。

教师生涯教育研修方案示例：

师德与素养
研修主题：树立生涯教育意识·提升生涯指导素养
研修主题的背景与意义 　　新时代推进普通高中育人方式改革成为基础教育领域的关键任务。根据国务院颁布的《关于新时代推进普通高中育人方式改革的指导意见》，高中教育要扭转片面应试教育倾向，切实提高育人水平，为学生适应社会生活、接受高等教育和未来职业发展打好基础，努力培养德智体美劳全面发展的社会主义建设者和接班人。做好学生发展指导工作，是强化高中教育育人能力的关键一环。为此，我校将提升全体教师的生涯教育指导素养、树立生涯教育的意识作为教师全员培训重点工作，明确全体教师共同承担学生指导的职责，把生涯教育与日常的教育教学结合起来；能够识别、解决学生生涯发展中出现的一般问题，营造有利于促进学生积极发展的校园氛围，进而从根本上促进学生积极健康发展，这也是当下学校生涯教育亟须解决的重要议题。
研修活动设计（请从研修目标、内容、形式、考核等方面进行阐述）
研修目标 　　积极落实"树立生涯教育意识·提升生涯指导素养"的研修主题和生涯导师素养的相关培训方案，充分利用各种生涯教育资源平台，组织教师开展学习培训活动，如在线网络学习、专题讲座、专题研讨、案例交流等。在研修中，使我校教师通过学习和实践，结合在线学习、交流研讨等方式，树立生涯教育的意识，了解生涯教育的基本理论和指导技巧，提升生涯素养，培育积极向上、自主发展的教育教学氛围。

续 表

研修内容
1. 第一阶段：教师完成在线学习课程："何为生涯教育""为何开展生涯教育""如何开展生涯教育"，为老师们开展生涯教育提供理论支持，并在接下来的教育教学活动中有意识地融入生涯教育的理念。 2. 第二阶段：以教研组为单位开展研讨，讨论在生涯教育过程中遇到的困难和案例，师资处进行收集整理，并提供一定的案例、专家资源，为教师们答疑解惑，提高实际生涯指导的能力。 3. 第三阶段：通过和学生结对交流指导，总结生涯指导经验，并通过师资处搭建的各种平台，如教师沙龙人文交流、"肇英园地""肇梁园地""肇和园地"论坛及学校论坛等，和其他老师积极交流收获感悟，各抒己见，以达到经验的交流、思想的碰撞，积极落实树立生涯教育意识、提升生涯指导素养的目标。
研修形式
研修形式以自主研修为主、集体研修为辅，主要以在线学习培训、交流研讨、学生实践指导、经验总结和交流等形式开展培训工作。
考核评价方式
过程性评价与总结性评价相结合，包括出勤率、活动参与度，研修任务完成的数量、质量等。
研修成果呈现形式
个人研训小结、教师个人提交学生生涯指导过程记录或生涯指导典型案例（也可自行申报其他形式，由师资处认定即可）。

研修活动安排					
序号	时 间	内 容	研修形式	学时	主讲人
1	2020.9.21—25	完成在线学习课程1：何为生涯教育	网络学习	2	专家指导：李希希
2	2020.10.19—10.23	完成在线学习课程2：为何开展生涯教育	网络学习	2	专家指导：李希希
3	2020.11.16—11.20	完成在线学习课程3：如何开展生涯教育	网络学习	2	专家指导：李希希
4	2020.12.7—12.11	教研组研讨	组室活动	1	各教研组长
5	2021.3.8—3.19	教师生涯教育专题交流	组室活动	1	各年级组长
6	2021.4.1—4.15	实践体验：指导学生生涯相关问题完成研训个人小结及相关研修作业	实践体验	2	个人

近年,学校通过"肇英园地"职初教师研修工作坊培训,学员已100%胜任教师工作岗位,其中3人担任中层职务,2人获全国教学评比一等奖,4人在市、区教学评比中获奖,3人与市"双名工程"基地学员师徒结对,3人与区学科带头人师徒结对。学校研修工作坊为学校青年教师发展提供了坚实的平台助力。

2. 骨干教师培优进阶

中青年教师是学校可持续发展的重要保证。"中青年教师培优计划"旨在通过根据中青年教师在专业能力、教育科研、职称评聘等方面发展需求,开展有针对性的培训,帮助教师突破职业成长瓶颈,为教师进阶助力,促使更多中青年教师成为骨干教师。

学校由师资处牵头,成立了"肇梁园地"中青年教师研修工作坊。教师自主报名,工作坊结合报名教师的共性需求安排研修内容,开展团队研修活动。同时整合校内外专家资源,为教师个人开展导师"定向诊断指导"。

工作坊研修形式力求多样化,包括主题研修与自主选学相结合,专家引领与协作研修相结合,案例研讨与成果分享相结合,在线学习与线下实践相结合等。学员借助网络平台,开展课程开发设计等方面学习和研讨,更具灵活性。

骨干教师集中研修方案示例:

研修过程设计

(一) 基于学科教学的反思

研修目标

"新课程、新教材"实施下,推进解决有效教学"三问"背后直指核心问题的实践研究,将深化"三问"教学法实践研究作为反思行动新阶段校本研修的聚焦点,要求教师在新教材使用及主题教研、日常教学、科研探索的过程中关注"一问"学情与目标、"二问"内容和方法、"三问"反馈与评价,形成可复制推广的经验与策略。

研修内容

主要从文本研习和实践反思两个方面展开研究。

1. 文本研习:组织开展面向全校教师及教研组长的专题培训,深入解读"三问"教学法总论文本,同时由骨干教师分享教学案例与撰稿思路,帮助各教研组在新课程、新教材背景下,寻找学科教学变革的突破口,寻找"双新"与"三问"教学法的契合点,进一步完善学科建设方案,以提升学科课程品质。

2. 实践反思:各教研组不断思考如何组织开展教研活动,用实践去佐证"三问"教学法的合理性,使之成为教师教育教学过程中的自觉行为。建议教研组围绕特定主题(例如:"国家统编教材培训专题研讨""新教材同课异构""单元教学的学情与目标设定"等)采用个人实践与组内研讨相结合,集体备课与教学展示相结合,青年教师互学共鉴与骨干教师指导评价相结合等方式,根据各自的实际情况,探索不同的实践方式,并据此总结相关经验。

续　表

具体推进计划：
　　第一阶段：以教研组为单位，教师深入研究新课标和新教材，努力探寻"新"背景下，各学科实践"三问"的突破口。
　　第二阶段：以教研组为单位，教师开展实践研究，包括备课组、教研组的教学研究，课堂实践等。
　　第三阶段：教师形成初步的研究心得，在教研组主题教研活动进行交流分享，教研组在此基础上进一步完善学科建设方案。
研修形式
　　文本研习形式以自主研修为主、集体教研为辅，实践反思形式主要采用个人实践与组内研讨相结合，集体备课与教学展示相结合，青年教师互学共鉴与骨干教师指导评价相结合等方式开展培训。

(二) 基于学生自主成长的反思
研修目标
　　随着高考综合改革的深入和学校生涯教育体系的构建，在已有反思行动实践的基础上，聚焦学生生涯发展问题，进一步探索生涯导师制的生涯教育，将德育工作和生涯教育工作融合作为突破口，引导学生树立生涯发展的意识，积极主动地开展生涯探索，提升生涯管理能力和社会适应力。
研修内容
　　1. 以年级组为单位，围绕"生涯指导教师的基本任务"的主题开展年级组研讨活动，针对已有实践案例进行学习交流并提出进一步实施建议，并对"提升生涯指导教师专业素养""如何有效开展学生生涯教育活动"等问题进行深入研究。
　　2. 以年级组为单位，围绕"生涯指导教师的基本任务"结合班主任例会、校班会课时间、静安教育学术季进行全校或全区范围的实践行动、主题研讨等，并聘请专家开设讲座，进行有针对性的指导。
　　3. 教师个人(或团队)撰写经验论文或教育案例、开设主题班会、参与班主任沙龙或交流会上进行发言，将个人反思学习和团队交流分享相结合。
研修形式
　　研修形式以自主研修为主、集体培训为辅，采取教师自主研修、专题讲座、外出考察学习、论坛研讨等形式开展培训工作。

研修评价方式
　　过程性评价与总结性评价相结合，包括出勤率、活动参与度，研修任务完成的数量、质量等。

研修成果呈现形式
　　(一) 基于学科教学的反思
　　个人研训小结、教师个人提交深入学习"三问"教学法文本研习体会，或包含"三问"要素的新教材教学设计；教研组团体提交教学研讨活动实录或学科建设方案。
　　(二) 基于学生自主成长的反思
　　个人研训小结、专项培训证明、个人(或团队)撰写经验论文或教育案例、生涯主题课程教案、班主任沙龙或交流会上进行发言(提交发言稿)。

续 表

研修活动安排					
序号	时间	内容	研修形式	学时	主讲人
1	2020.9.5	骨干教师集中培训（一）：新高考与生涯教育的基本内涵	骨干团队集中研修	1	生涯专家：周鹏飞
2	2020.9.7—9.11	开展组内专题培训，深入解读"三问"教学法总论文本	教研组研讨	2	各教研组长
3	2020.9.18	骨干教师集中培训（二）：高中生常见的生涯问题及生涯辅导	骨干团队集中研修	1	生涯教育研究员：毕晶莹
4	2020.9.21—9.30	围绕"生涯指导教师的基本任务"的主题开展年级组研讨活动	年级组研讨	2	各年级组长
5	2020.9.29	骨干教师集中培训（三）：生涯教育工具应用和数据解读	骨干团队集中研修	1	生涯教育研究员：毕晶莹
6	2020.10.9—10.16	开展深化"三问"教学法第一轮教学实践，骨干教师分享教学案例	教研组研讨	2	各教研组长
7	2020.10.23	骨干教师集中培训（四）：高质量生涯课程设计的要点与方法	骨干团队集中研修	1	生涯教育研究员：张燕
8	2020.10.26—10.30	对组内已有实践案例进行学习交流并提出进一步实施建议，并对"提升生涯指导教师专业素养""如何有效开展学生生涯教育活动"等问题进行深入研究	年级组研讨	2	各年级组长
9	2020.11.2	聚焦"生涯指导教师的基本任务"反思专项行动团队方案完成首轮方案设计	年级组活动（学生生涯指导反思类）	1	学生处
10	2020.11.2—11.13	教研组全面开展深化"三问"教学法第一轮实践行动	教研组活动	2	各教研组长
11	2020.11.16	围绕"生涯指导教师的基本任务"进行研讨	年级组研讨	2	各年级组长

续 表

研修活动安排					
序号	时 间	内 容	研修形式	学时	主讲人
12	2020.11.23	班主任沙龙"生涯指导教师的基本任务"(第一学期反思行动成效研讨)	团队集中研修(学生生涯指导反思类)	1	学生处
13	2020.11.23—11.30	聚焦"生涯指导教师的基本任务"反思专项行动第一学期行动完成情况进行再实践方案设计	年级组活动(学生生涯指导反思类)	1	学生处
14	2020.12.1—12.11	教研组基于深化"三问"教学法反思的再实践方案开展第二轮实践行动方案研讨	教研组活动	2	各教研组长
15	2020.12.14—12.25	结合班主任例会、校班会课时间展开实践行动	年级组活动	2	各年级组长
16	2020.12.31	年级组就第二轮实践行动具体情况反思成效,形成第二次反思报告并提交	年级组活动(学生生涯指导反思类)	2	各年级组长
17	2021.1.4	班主任沙龙"生涯指导教师的基本任务"(第二学期反思行动成效研讨)	团队集中研修(学生生涯指导反思类)	1	学生处
18	2021.2.15	骨干教师集中培训(一):新高考与生涯教育的基本内涵	骨干团队集中研修	1	生涯专家
19	2021.2.16—2.26	教研组开展深化"三问"教学法反思的第二轮实践,探寻"新"背景下学科实践"三问"的突破口	教研组研讨	2	各教研组长
20	2021.3.5	骨干教师集中培训(二):高中生常见的生涯问题及生涯辅导	骨干团队集中研修	1	生涯教育研究员:毕晶莹
21	2021.3.8—3.12	围绕"生涯指导教师的基本任务"的主题开展年级组研讨活动	年级组研讨	2	各年级组长

续 表

研修活动安排					
序号	时间	内容	研修形式	学时	主讲人
22	2021.3.19	骨干教师集中培训(三):生涯教育工具应用和数据解读	骨干团队集中研修	1	生涯教育研究员:毕晶莹
23	2021.3.22—3.26	在"双新"背景下,结合"三问"教学法应用实践谈困惑及解决方案	教研组研讨	2	各教研组长
24	2021.3.30	骨干教师集中培训(四):高质量生涯课程设计的要点与方法	骨干团队集中研修	1	生涯教育研究员:张燕
25	2021.4.12—4.16	对已有实践案例进行学习交流并提出进一步实施建议,对"如何有效深化'三问'教学法"开展实践行动总结	教研组研讨	2	课程与教学处
					各教研组长
26	2021.4.17—4.23	聚焦"生涯指导教师的基本任务"反思专项行动团队方案完成首轮方案设计	年级组活动(学生生涯指导反思类)	2	学生处
		年级组开展实践行动总结			各年级组长

在高水平专业化和系统性的研修工作坊中,学校骨干教师进一步在实践学习中实质性地提高了自身专业素养。他们不仅通过努力实现了自身职业水平的提高及专业职称上的进步,也带动了学校各学科组团队专业水平的进步。一批批骨干教师在教师队伍发展中起到了良好的模范带头作用。目前学校有20余人参加"肇梁园地"中青年教师研修工作坊培训,其中13人已成长为校级骨干教师。学校正开启新时代"成才教育"中青年教师队伍建设新征程。

3. 卓越教师发展进阶

优秀教师是师德表率、教学楷模、科研能手、教育教学改革的引领者。学校一贯重视对各学科"优秀教师"的"充电、造血",加强对其特色教育教学经验的"总结、提炼"和师德师风的"宣传、推介"①。在具体的卓越教师发展工作中,学校创设推动"卓越教师发展计划",计划旨在聚焦学校优秀教师的重点培养,整

---

① 王后雄,李猛. 卓越教师核心素养的内涵、构成要素及发展路径[J]. 教育科学,2020,36(06):40-46.

合校内外优秀资源,组建导师团开展"导航指导",为优秀教师专业发展把脉开方,促使其由成熟走向优秀,由优秀走向卓越,从而推动学校卓越教师队伍建设。为此,学校开设了"肇和讲堂",双管齐下。

一是整合校内资源,充分发挥学校高层次"带头人"在队伍建设中的辐射、引领和示范作用,进一步优化学校师资结构。每学年定期组织"学科带头人"或亲身示范,或指导骨干教师、骨干团队,开展"三个一活动"(一个讲座、一次论坛、一堂示范课),打造学校高端教师群体,推动学校可持续发展。

二是根据学科需求,在全市范围内聘请名师为导师,组建导师团队,一方面,开设"导师讲堂"为各学科"高端教师"的脱颖而出提供学习机会;另一方面,对学校高端教师发展对象采取有系统、分层次、有侧重点的培养,必要时采取"多对一"的"诊断导航",同时帮助有条件的老师著书立说,促使其自我内化与自我成长,为进一步发展成为卓越教师打好基础。

学校保证"肇和讲堂"的必要经费支出,并积极创造条件为培养对象外出考察、进修提供经费保障。学校专门成立各级研修管理组织,并设立科学化的研修保障制度,为学校研修工作的持续推动和高质量运行保驾护航。

学校研修保障方案内容示例:

学校校本研修保障制度总览

一、制度保障

1. 形成校本研修常规管理制度,健全校本研修管理网络,学校、教研组、年级组、课题项目组等都有相应的职责。每学期教师都清楚了解本学期研修任务与目标,在研训中,严格做到"时间、地点、人员、内容"四个落实,做到例会活动有记录、学期有计划有总结、学年有考核。

2. 形成基于网络的教师参与校本研修的机制,建立教师专业发展档案,提高校本研修的实效性。

3. 完善学校的骨干教师和学科带头人的选拔和名师的培养制度,组织青年教师教学活动,注重过程管理和评价制度建设。

4. 完善教师发展性评价制度的研究和建设,将校本研修考核奖惩制度,与教师业务考核、职称评聘、评优等挂钩。

二、考核评价

1. 优化教师评价,促进评价主体(自我评价、学生评价、组室评价、领导评价等)多元、评价内容(人文素养、师德师风、课堂教学能力、育德能力、教育科研能力及教育管理能力等)多维,评价形式(心得体会、撰写论文、随堂听课、教案检查、教学成果展示、问卷调查等)多样,充分体现评价的多元化。

2. 校本研修工作领导小组,各部门工作组,教师本人等共同参与考核评价,实施自我评价与他人评价相结合,完善绩效管理,探索公平竞争机制,促使考核评价工作公开、公平、公正。

三、经费保障

1. 每年要确定专项经费用于教师校本研修。

2. 学校保证培训经费的投入,为教师校本培训提供必要的物质条件,如图书、音像资料、设备设施等,同时也积极为教师科研课题、学术研究等提供经费保障。

3. 确保服务于教师校本研修的网络支持平台的研发经费及对校本研修工作其他经费。

目前,学校有上海市"双名工程"基地学员5人,区级骨干教师4人,同时评选校骨干教师作为选拔区学科带头人后备人选,通过重点培养,搭建平台,促使其发展成为"高端"优秀教师,再进一步成为卓越教师。

第四节 做好教师专业发展评估工作

教师发展评估体系的建设对教师专业发展起到了重要的管理和督促作用，为教师的专业成长营造了良好环境与健康助力。为此，学校特成立教师专业发展工作领导小组，定期评估教师个人发展规划的实施情况及阶段目标达成度，帮助教师自我诊断、及时修正；同时，结合教师个性发展需求，积极探索个性化培养路径。学校着眼于完善评价制度标准与建设多元化评价途径，努力打造针对教师个体专业化发展评估的校园生态。

一、榜样激励，完善评优制度

在近年来的不断发展中，学校进一步规范各类评优评先制度，弘扬校园正能量，使教师学有榜样、赶有目标，如对每年一次的师德标兵、优秀班主任、好党员等荣誉评选进行细则完善。此外，学校进一步优化学校干部选拔、任用制度和教师评价机制，对有成就、有发展的骨干教职工在进修提高、科研立项、职务评聘、晋级评优等方面给予倾斜，形成良好用人导向和科学评价机制，从制度、环境、待遇、舆论上营造教职工争创一流的良好氛围。学校同时响应静安区与上海市的各项教师评优政策，对在职教师的高一层次的学历进修予以重视与鼓励，努力提高在职教师的学历水平和整体素质。对符合条件的教师予以直接奖励与表彰。同时设立良好的优秀教师榜样，鼓励见习教师和职初教师沿着学校优秀教师的发展轨迹不断努力，要坚持阅读积累，坚持专业实践，保持工作的内驱力，要坚持实现个人专业发展目标，更要不忘初心、不计得失，持续学习，持续成长，向着更高的层次攀登。

在不断探索和打磨中，学校还专门建立了教师评价的循证进阶评价体系，为保障学校教师队伍整体高水平发展和教学工作的高质量实施做出了重要的支持。

二、综合多元，完善评价途径

为了更全面真实反映教师工作的整个发展过程，学校进一步规范教职员工的年度考核评价制度，完善学校评价机制。学校既有面向教师、职工的全员考核，也有对班主任、中层干部等重要岗位的考核。考核内容包括师德表现、课程与教学能力、班主任工作能力等，其中，师德表现列入教师绩效考核和职务（职称）评聘的重要标准，实行师德"一票否决制"。考核办法在原有的自我评价、学生评价、组室评价、部门评价相结合的综合评价基础上，又关注了教师的个体特点，学校还注重对教师某一方面或某一时间范围内的单项评价，如一堂课的教学表现、一个科研项目的参与度等。

学校通过用动态的、发展的眼光，将综合评价与个体评价相结合，更加充分地挖掘了教师的潜能，发挥了教师的特长，促进了教师的自主发展和主动创新，从而真正实现了教师专业发展评估制度的科学化发展。

第六章 基于『成才教育』的评价探索

评价,是教育教学情况得到及时反馈的手段,也是检验过程和成果的利器。"成才教育"思想,为科学、合理、有效的评价提供了思路。

对学校工作评价、对教师评价、对学生评价,以及对教育教学过程和环节的评价,都是评价的重要方面。相应的评价制度与机制的建立及其价值判断,对于"成才教育"思想的践行而言显得十分必要和重要。科学的评价制度与机制能够保障学校各项教育教学工作与教育思想践行之间的融会贯通。在学校"全景式课程"的发展历程当中,如何通过正确设计评价制度与机制,保障课程的理念与目标、设置与内容不断完善、不断发展、与时俱进,这是学校"成才教育"思想下教育改革发展的关键探索之一。在实际的教育教学工作中,学校及其教师团队逐渐摸索出一套以学生为中心,以教师为主导,以课程为关键载体的基于学校"成才教育"思想的评价模式。

第一节 学生学分累进评价

对学生学分的累进评价机制,是学校在"成才教育"思想指导下,以学生为中心,在现有的国家课程教育评价制度的基础上,以学生德智体美劳全面发展为评价视角,以学生的综合素养和能力为评价标准,建立起来的一套以学分累进机制为具体评价工具的多元化评价机制,是致力于学生个性化成才发展的评价制度。

在这套评价机制中,促进学生全面而有个性地综合发展被视为机制建立与运转的核心理念,而进阶式的学分教育模式的建立与实施则成为保障学生不断成长发展的关键策略。

一、综合化的学生学分累进评价

在学校的实际课程教学工作中,学分累进评价机制对应的是学校整个"全景式课程"的实施。"全景式课程"的理念是"为每一个人成才提供丰富多样的学习图景,让每个人全面而有个性地发展",其本质是聚焦"人格健全、基础厚实、创新发展"三个维度,高质量创造性实施国家课程;同时,结合学科特点、社会发展及学生个体学习需求,有效开发并实施校本课程,从而形成以国家课程学习为主、辅之以校本课程选择性修习的学校课程教学模式。在这一模式中,学生不仅要学习在"全景式课程"中占据课程主体地位的国家学科课程及国家规定的其他课程,还可以在各类校本课程中根据自身的学习需求在老师的指导下进行选择修习;进而保障自身在高中学习阶段获得各类学科核心素养发展的基础上,使得自己的社会化过程进入有意识状态,进一步提升自身面向社会、认识自我、提升自我的相关素养和能力。

在这样的背景下,以学分制为基础的学生评价路径得以建立并运行,并逐渐成为综合化的学生学分累进教育评价机制。在这一机制中,学生的综合化发展成为体系追求的目标之一,也相应地转化为对学生课程学习的具体要求。

所谓综合化,是指学生应当根据国家高中学业标准的要求,在各类国家学科课程科目中获得相应的学科素养发展,而这些素养得以发展的落点则在于学生认真学习并掌握了课程中所传授的知识与技能、情感、态度与价值观。在整个高中阶段,学生需要学习丰富多样的学科课程,以实现其综合化发展的需要。对于整个"全景式课程"的实施而言,学生除了对国家学科课程的综合化学习外,还可以对校本课程进行修习。在某种程度上,这些课程的修习对一部分学生起到了促使其未来在某一专业领域进一步深造学习和走向工作舞台的奠基式的作用[1]。

在具体的综合化的学生学分累进评价标准中,学校将国家规定的课程及各类校本课程按照学生综合化发展的实际需求进行学科划分及修习分值评定,学生需要同时获得足够的国家课程学分及校本课程学分。值得注意的是,虽然学校鼓励学生在课程学习阶段就某一专业领域的学习进行深耕,然而这并不意味着学生可以在其他学科领域放松和懈怠。学生必须在规定修习的国家学科课程及多门不同类别的校本课程的学习中获得通过,才能够获取相应的学分。

二、进阶式的学生学分发展评价

进阶式的学生学分发展评价是学校践行"成才教育"思想,开展学生学分累计评价制度的一大特色。进阶式评价的核心在于充分考虑学生成长规律、成才基础及基础形成的过程,予以适切的评价。对于高中学生而言,在校期间的学习课程在内容与结构上并非呈散状分布的,而是根据学科特色与教学主题,在教学内容与结构上呈现出进阶发展的趋势[2]。这些趋势在整个学校"全景式课程"修

---

[1] 刘元春. 构建多元评价体系[J]. 中国高等教育,2016,558(02):5-7.
[2] 翟小铭,郭玉英,李敏. 构建学习进阶:本质问题与教学实践策略[J]. 教育科学,2015,31(02):47-51.

习与评价中普遍存在，无论是国家学科课程还是各类校本课程，学生都应当在某一个学科主题下接受了初阶的课程学习并考核通过后，才能够进入更高的学习阶段和掌握新的知识内容。而这样的模式同样给予学生学分评价制度制定上的启发——学分的累进不应当是多个学分的单纯相加，而是应当在一些特定的学科内容与主题范围内获得相应的各阶不同水平层次的学分。

例如，在国家学科课程的学习中，学生必须在获取某一特定学科的所有必修课程的学分后，才能够根据自身的发展需要和学习需求来选择特定的国家选修课程进行修习，并获取相应的国家选修课程学分。而对于学校的各类校本课程而言，阶梯式的课程教学策略也往往对应了学生需要在课程学习中获取进阶式学分的学习机制。如，在进行校本课程"数学史与数学文化"的学习时，学生需要先在该课程的初阶课程中完成修习并获得相应的学分，才能够进一步进入后续阶段（中阶、高阶）展开相应的学习。对于学生而言，想要在某一主题课程中获得高阶学分，则必须全面和系统地接受该主题课程的全部教育。当然，假如学生已经具备了某课程相应层次的水平和能力，也可以通过个人申请并考核评定，直接进入高一层次的课程学习[①]。

而在具体课程的学生评价体系中，面对多元化的课程形式与课程内容，如何对学生的课程学习情况予以合理评估，并以此为标准授予学分，则成为影响实际学生课程学习进阶评价中的现实问题。除了面对常规课程中使用的传统评价策略外，学校还专门针对各类研究性、实践性等课程设置了相应的评价框架，以便授课教师根据具体课程的类型，在具体的学生评价环节中予以选用（如表6.1.1）。

表 6.1.1 学生研究性学习评价量表

评价指标	学生研究性学习评价指标	评分	得分
研究态度	不无故旷课，不迟到，不早退	5%	
	积极参与研究型课程实践，主动承担并落实项目职责，明确研究目标	5%	

---

① 弭乐，郭玉英. 概念学习进阶与科学论证整合的教学设计研究[J]. 课程. 教材. 教法，2018,38(05)：90-98.

续表

评价指标	学生研究性学习评价指标	评分	得分
研究素养	具备良好的问题意识,能将生活中的问题转化为现实课题	10%	
	具备良好的合作意识,能在小组活动中积极参与团队建设	5%	
	具备良好的规划意识,能形成科学的研究计划,制订研究方案	10%	
研究过程	善于收集课题资料,做好参考文献的梳理与汇总	5%	
	定期填写研究型课程形成性手册	10%	
	对研究过程中的资料、体验、感悟、亮点能做到即时记录	5%	
	能运用一定的科学研究方法开展研究实践	5%	
研究成果	论文、研究报告、研究成果文本规范,符合基本的学术要求	5%	
	论文、研究报告、研究成果具备一定的创新性与推广价值	20%	
	论文、研究报告、研究成果参与校或校级以上科创类比赛获奖	15%	

在研究型课程的学生评价中,不仅需要考核学生在课程学习中研究成果的质量,学生的研究态度、研究素养和研究过程同样也是非常重要的评估指标。这样的评估标准反映了学校在课程教学中以学生发展为本,落实学生能力与素养发展的理念。

进阶式的学生学分发展制度保障了学生在课程学习中不仅能够打下扎实的学习基础,更重要的是它符合了学生学习中不断进阶发展的学习规律,也保障了学生能够在某一特定的学科领域中坚持努力地长效投入并获得发展。对于学校课程而言,其核心价值在于深层次地提升学生的学业水平与素养,培养学生关键能力和必备品格,而非走马观花地让学生在课程学习中仅仅获得皮毛、难以识得骨肉。唯有在学习中不断地累积,学生才能够掌握在未来不断发展的社会中立足的能力与品质,并获得长远发展。

第二节 教师循证进阶评价

在"成才教育"思想引导下,对教师评价体系建设与实施,学校逐渐摸索出一套循证进阶体系的教师评价模式,并在具体的教师教育管理工作中发挥了重要作用。

一、教师评价的多元循证机制

教师评价的多元循证机制是学校教师循证进阶体系的一大特色。其中,循证的概念来源于循证实践(Evidence - Based Practise),其本意是"给予证据的实践"。循证旨在遵循客观的证据,综合化地引导具体的实践过程。对于教师评价的多元循证机制而言,其以来自教师本身、所处学科教研组、学生、家长与学校管理部门对其实际教学工作中的具体表现作为依据,通过自评和他评的结果进行科学合理的分析,从而对教师进行评价并使用评价结果引导和帮助教师进一步成长与发展[1][2]。

在现实运用中,学校针对教职工的评价采取了多元化的评价渠道相结合的考核评价模式,包含自评、年级组考核、教研组考核、相关职能部门考核等,并制订了相应方案。

---

[1] 牟智佳,刘珊珊,陈明选. 循证教学评价:数智化时代下高校教师教学评价的新取向[J]. 中国电化教育,2021,416(09):104-111.

[2] 姚继军. 循证改革背景下的教育评价变革及其启示[J]. 江苏教育,2021,1471(44):7-10.

上海市第六十中学教职工学年度考核方案

为了在公开、公正的原则下,有效地进行绩效考核,激励先进,促进教职工整体素质提高。根据国家人事部门《事业单位工作人员考核暂行规定》及静安区教育局有关文件精神,制订六十中学教职工学年度考核方案。

一、考核对象

1. 凡本校在编教职工均参加学年度考核;
2. 新进教职工到本校工作不足半年的,参加考核,不评定等级;
3. 教职工本学年病、事假累计超过半年的,参加考核,不评定等级;
4. 受到行政处分或党纪处分者,依据上级有关规定执行。

二、考核内容及标准

（一）考核内容

学校按照思想品德、工作能力、工作态度、工作实绩四方面内容,分别制定教师和职工的考核指标。

（二）考核标准

1. 思想品德：认真贯彻国家教育方针,热爱教育事业,具有良好的职业道德和政治思想素养,为人师表,乐于奉献,有团队合作精神。

2. 工作能力：有扎实的教育理论、专业知识和较高的教育教学研究水平及解决实际问题的能力;有很好的教育教学及工作素养,积极参与教育教学改革和研究活动,有改革创新精神。

3. 工作态度：遵守学校各项规章制度,工作积极主动、认真负责,敬业爱岗,有责任心和进取精神。

4. 工作实绩：教育教学秩序稳定,效果良好;完成或超额完成学校规定的工作量;在教育教学中能起到指导、把关作用;很好地完成带教青年教师或指导学生的工作;能进行课题研究和论文撰写。职工在服务一线工作中取得较好成绩。

三、考核等次及考评方法

（一）考核等次

依据考核指标,将教职工考核情况划分为校级优秀、合格、基本合格、不合格四个等次。其中考核优秀人数不超过40%;有重大工作失误或过错者,考核等次为基本合格;考核等次不合格者,学校将按有关规定与其解除聘用合同。

(二) 考核方法

学校成立由党政领导、职能部门负责人、骨干教师、教代会代表等组成的校级学年度考核小组,负责制定考核指标,实施考核工作,确保考核工作公正、公平、公开。

每年5月,进行校级学年度考核。考核采用教职工自评、年级组考核、教研组考核、相关职能部门考核相结合的办法,由学校考核小组综合各方考核结果进行审核,并提交校务会讨论,确定优秀名单。具体操作如下:

1. 对教师(除两长以外)考核:自评占10%,年级组考核占25%,教研组考核占25%,中层部门考核占40%。

2. 对职工考核:自评占10%,两长考核占40%,中层部门考核占50%。

3. 对两长干部考核:自评占10%,中层部门考核占90%。

4. 对中层干部考核:以教代会代表考核为主,由校务会讨论确定等次。

考核优秀名单应在校内公示五个工作日,听取全体教职工的意见。

每年11月进行区级年度考核优秀名单的推举,区级优秀原则上须是本学年度校级优秀,经全校教职工民主推荐,校考评小组审核后提交校务会讨论,确定区级优秀名单,并将结果按上级要求进行公示,听取全体教职工的意见。公示结束无异议,名单上报上级主管部门。

合理的考核制度不仅保障了教师队伍的整体质量,也使得教师成长与进阶得到了充分的制度保障。而是否能够在年度考评中多次获得优秀,也成为新手教师和普通教师是否能够晋升为骨干教师与卓越教师的重要标准。

在具体的实施过程中,考核评价各项标准的明确不仅使得教师能够在具体工作过程中根据评价内容进行自我管理和监督,还保障了各部门对教师实施考核评分的严谨性与科学性。为此,学校特别制定了明细的教职工考核评分指标(如表6.2.1、表6.2.2)。

表 6.2.1 上海市第六十中学专任教师考核评分表(讨论稿)

一级指标	二级指标	基本标准	参考标准	评分 优秀	评分 合格	评分 基本合格	评分 不合格
A1 师德规范 20	B1 思想品德 10	认真贯彻国家教育方针,热爱学校,关心集体,积极参加学校各项政治学习和活动,维护学校荣誉,努力创造团结协作、和谐向上的校风、教风。	● 有校级以上相关的荣誉称号或表彰。 ● 有无故缺席各项政治学习和活动现象。	应得分值 9～10 考核分值	应得分值 6～8 考核分值	应得分值 5 考核分值	
	B2 文明修养 10	关心爱护学生,尊重学生人格,衣饰得体,言谈高雅,举止文明,以身作则,为人师表,对学生进行思想品德、行为规范教育,获得学生普遍欢迎。	● 有不注意师德现象或教师形象的现象。 ● 有体罚或变相体罚学生现象,造成不良影响。	应得分值 9～10 考核分值	应得分值 6～8 考核分值	应得分值 5 考核分值	
A2 学识业务 20	B3 课题研究与论文撰写 10	1. 主持或参与市级(重点)课题、区级(重点)课题、校级课题。 2. 在市级刊物、区级刊物或校级刊物上发表论文、案例、课件等。 3. 在教研组起主要指导作用或举办专题讲座。 4. 主持备课组专题研究,或承担备课组专题研究报告执笔工作,或参与备课组专题研究。	● 科研成果或论文获市、区、校评比等等第奖。 ● 不参与任何研究活动。	应得分值 8～10 考核分值	应得分值 6～7 考核分值	应得分值 5 考核分值	
	B4 课程实施与教改实践 10	1. 主持或参与校本课程开发工作,承担校本课程编撰执笔工作。 2. 参加市、区、校级公开教育教学展示,或在市、区、校级教育教学竞赛中获等第奖。	● 积极进行课程教学改革,有新的突破,在市、区有一定影响。	应得分值 8～10 考核分值	应得分值 6～7 考核分值	应得分值 5 考核分值	

续 表

一级指标	二级指标	基本标准	参考标准	评分			
				优秀	合格	基本合格	不合格
A3 工作态度 25	B5 工作常规 10	严格遵守各项规章制度，勤奋工作，乐于奉献；顾全大局，服从安排。上下班无迟到、早退现象，出勤率达到满勤。	● 有旷工现象。 ● 有迟到、早退现象。	应得分值 9～10 考核分值	应得分值 6～8 考核分值	应得分值 5 考核分值	
	B6 教育教学常规 15	严格执行学校教学常规制度（备课、上课、作业、听课等），教学态度认真，工作积极；与所任教班的班主任经常沟通，相互配合促进学生全面发展，获得学生欢迎。	● 有私自换课、放课等违反教学管理制度现象。	应得分值 13～15 考核分值	应得分值 9～12 考核分值	应得分值 7～8 考核分值	
A4 工作实绩 35	B7 教学质量 20	1. 教学秩序稳定，教学效果良好，考试成绩与学校定位相当且比较稳定。 2. 指导学生获市、区级以上学科竞赛奖项。	● 在学科教学中能起到指导、把关作用，善于解决教学中的疑难问题。 ● 学业水平合格考核有不合格。 ● 在可比的情况下，考试成绩比年级平均分低 3 分以上；或考试成绩比年级组同类班级最高分低 6 分以上；或考试成绩纵向比下滑明显。	应得分值 17～20 考核分值	应得分值 12～16 考核分值	应得分值 10～11 考核分值	
	B8 工作量 15	1. 完成或超额完成规定工作量，工作主动，认真负责。 2. 在完成本职任务的同时积极完成学校的兼职工作，或结合学科特点组织学生社团活动、开设拓展课或开展研究性学习活动。	● 担任青年教师带教老师，指导青年教师获市、区、校学科类竞赛等第奖。 ● 指导学生社团、研究性学习等获市、区级奖项。	应得分值 12～15 考核分值	应得分值 9～11 考核分值	应得分值 7～8 考核分值	

考核等第对应分值说明：优秀，总分合计 85～100 分；合格，总分合计 60～84 分；基本合格，总分合计 49～59 分；不合格，总分合计 48 分以下。

被考核人分值　评分人

表 6.2.2 上海市第六十中学职工考核评分表(讨论稿)

一级指标	二级指标	相关标准	参考标准	评分			
				优秀	合格	基本合格	不合格
A1 师德规范 20	B1 思想品德 10	认真贯彻国家教育方针，热爱学校，关心集体，积极参加学校各项政治学习和活动，维护学校荣誉，努力创造团结协作、和谐向上的校风。	● 有校级以上相关的荣誉称号或表彰。 ● 有无故缺席各项政治学习和活动现象。	应得分值 9～10	应得分值 6～8	应得分值 5	
				考核分值	考核分值	考核分值	
	B2 文明修养 10	关心爱护学生，尊重学生人格，衣饰得体，言谈高雅，举止文明，以身作则，为人师表，能对学生不当行为进行教育。	有不注意自身形象的现象。	应得分值 9～10	应得分值 6～8	应得分值 5	
				考核分值	考核分值	考核分值	
A2 工作能力 20	B3 本职工作 10	善于学习，提高能力，能妥善解决工作中遇到的困难和问题。	● 完成本职工作之余，能胜任其他工作，或积极协助他人完成工作。	应得分值 8～10	应得分值 6～7	应得分值 5	
				考核分值	考核分值	考核分值	
	B4 参与教育 10	认真落实"人人都是德育工作者"的要求，积极参与教育工作，能配合相关部门关心、教育学生。		应得分值 8～10	应得分值 6～7	应得分值 5	
				考核分值	考核分值	考核分值	
A3 工作态度 25	B5 工作常规 10	严格遵守各项规章制度，上下班无迟到、早退现象，出勤率达到满勤。	● 有旷工现象。 ● 有迟到、早退现象。	应得分值 9～10	应得分值 6～8	应得分值 5	
	B6 服务意识 15	认真履行工作职责，服从大局，服从安排，积极、努力做好工作，主动、热情为师生服务。		应得分值 13～15	应得分值 9～12	应得分值 7～8	

续 表

一级指标	二级指标	相关标准	参考标准	评 分			
				优秀	合格	基本合格	不合格
A4 工作实绩 35	B7 本职工作 20	1. 能全面完成本职工作,成绩优异,效益好。 2. 能结合本职工作积极开展工作研究、改革、创新,促进本职工作发展。	● 工作成果获得各级各类表彰或奖励。 ● 基于个人原因造成工作失误,产生不良后果。	应得分值 17~20	应得分值 12~16	应得分值 10~11	
	B8 职外工作 15	在完成本职工作基础上,积极参与学校安排的各项重要会议和活动的服务工作,积极参加学校临时安排的工作,完成情况好。		应得分值 12~15	应得分值 9~11	应得分值 7~8	

考核等第对应分值说明:优秀,总分合计 85~100 分;合格,总分合计 60~88 分;基本合格,总分合计 49~59 分;不合格,总分合计 48 分以下。

被考核人分值　评分人

除了学校管理部门的考核外,来自学生的评价同样有着重要的意义和价值。这些评价代表了作为学习者接受学习后对教学者的最真实意见。在常规的课程结束后,学校通常会向学生征集对授课教师的评价信息:这些信息既包括对教师师德的考察(尊重学生等),也包含了所教授课程的效果(重难点突出等)和教师对待课堂教学的态度(精心备课等)。

如表 6.2.3 所示,学生对任课教师的各项指标予以了匿名的综合打分。而学校管理部门则可以根据这些指标数据获知学生对教师的正确评价,并将其纳入对教师的具体考核与管理工作之中。

多元循证机制保障了教师获得评价的客观性和准确性。教师可以在最大范围内得到对自身工作领域最为客观的评价内容,并在学校的引导下合理地通过这些评价内容形成具体的评价结果,从而清晰地认识到自身在教学工作中所表现出的优劣势和优缺点。多元循证机制的核心在于对实践的引导,其本质是通过来自多元渠道的综合化评价结果指引教师进一步成长和发展。对于这样的教师评价机制而言,评价本身并非为评价结果及其奖惩机制服务,而是真切地着

表 6.2.3 ××学年学校国家课程任课教师考核信息摘选

姓名	尊重学生	重难点突出	学法指导	讲练结合	作业适中	批改认真	辅导耐心	评价客观	精心备课	目标明确	平均
	5	5	5	5	5	5	5	5	5	5	5
	5	5	5	5	5	5	5	5	5	5	5
	5	5	5	5	5	5	5	5	5	5	5
	5	5	5	5	4.972 97	5	5	5	5	5	4.997 3
	4.970 59	5	5	5	5	5	5	5	5	5	4.997 06
	5	5	5	5	4.923 08	5	5	5	5	5	4.992 31
	5	5	5	5	4.92	5	5	5	5	5	4.992
	5	5	5	5	5	5	5	4.914 29	5	5	4.991 43
	4.985 71	5	4.985 71	5	5	4.971 43	4.985 71	4.985 71	5	4.985 71	4.99

眼于提升教师的职业素养[①]。

二、教师评价体系的进阶发展

评价体系的进阶性同样被运用在教师评价当中。由于教师发展是一个漫长而循序渐进的过程,且进程快慢各不相同,有时甚至差异较大,因此,与学生的进阶性评价不同的是,教师评价体系的进阶发展主要围绕教师的教龄和职称等要素进行具体的区分,同时参考一定的素养表现予以展开。在教师评价体系中,学校针对教师的具体情况,将教师划分为职初教师、普通教师、骨干教师及卓越教师四种主要类型,并以此划分梯度和阶段,促使每一位教师都逐渐学习和成长为骨干教师和卓越教师,从而根本性地提升学校教师团队的整体质量[②]。

对于不同类型的教师,学校根据教师的学科类别进行划分,对处在同一学科、同一阶段的教师予以相同的评价标准及其要求,同时根据每位教师的评价结果不同设置了量身定制的进阶方案。正如上一章节中的案例所示,对于一些在教育教学操作实施层面上存在短板的职初教师,学校学科组和带教师父将围绕其教育沟通能力和教学管理能力进行深入的培养,进而保障其从单纯的学科知识教学者成长为一名合格的教书育人的践行者;而对于一些在教研、奥赛、社会化技能等领域有专业特长的教师,学校也会根据教师专长,结合学校的发展需求和学校资源,长效化地支持这些教师在自己所擅长的工作领域得到发展,从而成长为学校的骨干教师。

---

① 陈春勇. 试论教育评估在教育实践中的运用[J]. 中国教育学刊,2012,234(10):79-82.
② 张文超,陈时见. 学校本位教师专业发展的时代意蕴与推进路径[J]. 当代教育科学,2022(01):68-76.

第三节 课程双线螺旋评价

课程的双线螺旋评价,是学校"成才教育"思想指导下"全景式课程"体系中课程评价的具体模式。对于具有特殊课程结构与丰富课程内容的课程体系而言,其课程的评价制度必然是需要符合课程体系中各类课程内容的评价需求的。因此,双线性结构与螺旋发展的评价机制就成为课程评价模式的重要特点。

一、课程评价的双线性结构

双线性结构是整个"全景式课程"课程评价模式的基本特点。双线性指代的是针对"全景式课程"中的国家课程与校本课程各自设立一套既相互独立、又相互关联的评价机制。对于国家课程实施而言,评价机制的设立应当严格遵循国家学科课程的课程标准,并结合新高考、新课程、新教材的具体要求展开相应的评价。这样的课程评价机制适用于每一个高中的国家学科课程教学工作,其评价标准主要围绕学科课程中的学科核心素养评价展开,通过对国家课程教学目标、教学内容、教学过程与效果、学生核心素养水平等内容的评测,最终得到综合化的评价结果,并以此为基础进一步改进国家学科课程的教学工作。国家课程教学的评价机制更多在国家课程教学工作中承担着管理者和监督者的角色,是保障整个国家课程教学要求在高中课程教学中高质量贯彻落实的关键。它通过对国家课程教学在具体的高中学校、年级、班级课程中存在的现实情况及其问题予以反馈,从而推动着学校国家课程教学工作的扎实推进。

双线性课程评价结构的另一条"线路"是针对课程体系中校本课程的评价制定的。相较于国家学科课程的评价标准,校本课程的评价标准更多围绕具体校本课程的多元化教学目标予以制定,并在不同的校本课程中体现着多元化的评价特色。如在一些实践性的校本课程中,课程的评价标准则更偏向于对课程实践环节及学生实践能力的考查。相较于国家课程评价,校本课程的评价标准更加灵活、评价机制更加复杂、评价来源更加丰富、评价方法更加多元。此外,校本课程的评价机制在校本课程教学工作中更多扮演着服务者和指导者的角色,除了国家课程评价机制所表现出的管理和监督课程教学质量的功能外,校本课程评价机制还需要根据校本课程的教学情况适时地调整、改变,创新课程的结构、内容与教学要求,甚至撤销特定具体的校本课程,它在"全景式课程"评价中也有着重要的作用与价值。

而在具体的校本课程评价中,来自学生对课程的评价被视为最重要的评价标准之一。这样的评价导向反映了课程真正以学生为中心的教学理念。在每门课程完课后,学校将对每一位接受课程学习的学生使用调查问卷等形式开展课程评价调查,并以此为标准进一步改良后续课程的主题、形式与内容。如表6.3.1。

表 6.3.1 学科延伸课程学习基本情况调查问卷

题　项	不符合	不太符合	一般	比较符合	非常符合
1. 你对学习/学习过的学科延伸校本课程质量感到满意					
2. 你喜欢学科延伸校本课程					
3. 你对学习/学习过的学科延伸课程的课堂氛围感到满意					
4. 你会期待上学科延伸课程					
5. 你对学习/学习过的学科延伸课程的授课老师感到满意					
6. 你认为你学习/学习过的学科校本延伸课程在教学安排上非常合理					
7. 你认为你学习/学习过的学科校本延伸课程在主题设置上非常合理					

续　表

题　　项	不符合	不太符合	一般	比较符合	非常符合
8. 你认为你学习/学习过的学科校本延伸课程在学习内容和难易程度上很容易接受					
9. 你认为学科校本延伸课程的任课教师对待课程教学并不敬业负责					
10. 你认为学校的学科校本延伸课程能够满足你额外的学习需求					
11. 你认为学校的学科校本延伸课程的学习氛围浓厚					
12. 你认为学校对学科校本延伸课程的教学是非常重视的					
13. 你认为学校的学科校本延伸课程很有特色					
14. 你觉得学习学科校本延伸课程对你常规学科课程的学习很有帮助					
15. 你认为学校对学科校本延伸课程设置的主题梯度规划合理					
16. 你在学习学科校本延伸课程时与常规学科课程学习同样认真					
17. 你会为学习学科校本延伸课程提前做好课前准备					
18. 你从不完成学科校本延伸课程上布置的作业					
19. 你会将学习学科校本延伸课程上习得的知识与常规学科课程学习联系起来					
20. 你会将学科校本延伸课程上习得的知识运用到现实生活当中去					

二、课程评价的螺旋发展

课程评价的螺旋发展特征是"全景式课程"评价的另一重要特点之一。在对"全景式课程"的介绍中,各类课程的具体的教学环节都在主题和内容上具有进阶性,这一进阶性不仅表现在国家学科课程的各类相互衔接的必修内容和选修内容之中,也在各类校本课程的阶梯性中得以良好展示。在这一基础上,针对课程评价的螺旋发展是指在课程评价过程中根据国家课程与校本课程的进阶性,采取根据课程进阶特色螺旋发展的评价标准及其评价机制。螺旋发展不仅体现在随着课程内容的增加及课程难度的提高所带来的学习要求的提高,也体现在整个课程评价体系围绕国家课程与校本课程互相连接的关系之中。整个课程评价体系在国家课程与校本课程之间并非完全独立,而是扮演着不同角色,根据课程教学的具体需要及国家课程和校本课程的变化发展,两类课程的评价机制与内容存在相互借鉴与影响的发展机制,使得整个课程的评价模式呈现螺旋上升的特色,从而发展性地对整个"全景式课程"的教学工作起到长效性的监督与促进作用。

第七章

基于『成才教育』的科研发力

"成才教育",是办学的科学,有着内在的肌理,通过科研不断探索规律,达到新境,这是坚守之道,也是发展之方。

从学校科研的角度进一步阐释"成才教育"思想引领学校发展的思考、做法和经验,有着现实的需要,其原因有三:一是"成才教育"思想的产生与发展,是学校一代代师生在运用研究的方法对教育实践不断深入总结得到的宝贵成果,其本质上是学校教育科研工作的理论产物;二是"成才教育"思想演进发展,正是教育科研理论经由教育实践探索凝练后再次服务于一线教育工作的过程,它较好地展现了教育理论指导一线教学工作的具体思路、实际策略和解决方法;三是"成才教育"思想的产生、发展与实践,是高中学校在教科研工作上取得良好成果的宝贵案例,期望能对其他学校的教科研工作产生一定的参考与借鉴价值。

教育科研,是提升学校教育教学质量的重要途径,是提高学校教育管理水平的重要依托,是学校进行教育改革实践的重要工具[1]。一所学校办得好不好,宏观方面取决于办学者是否具有前瞻性的教育战略思考,能否依据教育规律科学行事;微观上要看办学者是否能够坚持"项目"推进的策略,努力寻找和挖掘既吻合教育形势也适合学校发展的适切项目来统领学校的各项工作[2]。而这一切,都和教育科研密不可分。长期以来,学校坚持"教育科研领航"的原则,秉持科研引领、项目驱动的策略,扎实推进教育教学改革,充分享受到了教育科研带来的各项"红利",逐渐形成并丰富了与时俱进的办学理念,探寻了基于学校教育思想和理念的办学策略与方法,开掘了学校办学新的增长点,推动了学校的整体发展。

---

[1] 英勇. 普通高中教育科研常态化机制研究[J]. 教学管理与教育研究,2020,5(12):10-11.

[2] 全国教育科学"十五"规划教育部重点课题"普通高中发展模式及课程设计与实践的综合研究"总课题组. 普通高中发展模式及课程设计与实施的综合研究[J]. 课程·教材·教法,2003(06):5-9.

第一节 准确教育科研的目标定位

准确的教育科研目标定位是确保教育科研工作可执行、有意义、显价值的重要基础。"成才教育"思想指导下的教育科研目标定位,其本质是在具体的教育情境和教育需求下实现成人成才。对于学校而言,教育科研不是空中楼阁,而是要去解决教育教学中的实际问题,通过发现问题、提出问题、研究问题、解决问题的过程,提升教育教学质量,提高教师专业素养,进而推动学校教育改革,促进学生全面发展和学校可持续发展。基于这样的目标定位,学校的教育科研课题紧紧结合当下的教育形势和学校实际,将"三个坚持"列为学校教育科研的具体指向。

一、坚持为教育教学质量的提升服务

教育科研的最终指向是提升学校的教育教学质量,这应该是教育科研的定位。基于这样的认识,学校近年来的科研课题始终紧紧围绕着满足提高教育教学质量所需要并且又可能产生效益的问题,经过提炼、统整后形成研究课题,获得市、区级立项,通过扎实的实践研究,达成了提高教育教学质量的预期目标。如,新高考背景下,为更好地落实走班教学,提高效益,学校开展了上海市德育德尚课题"高考改革走班制背景下班级契约管理"的研究,对在走班背景下的班集体建设进行了积极探讨,研究成果获得市级成果奖二等奖。又如,"双新"背景下,通过课题"指向高中学生学科核心素养提升的个性化教学实施策略研究",进一步聚焦学生深度学习,凝练了学校个性化的"三问"教学法,"三问"教学法成为教师课堂教学的指南。

二、坚持为教师专业化发展服务

教师参加教育科研,有利于解决教育教学中的实际问题,提高教育教学质量和水平,从而获得专业精进。因此,首先,教育科研须以激发教师学习教育理论的自觉性和积极性为前提,并为教师今后在一定的教育思想指导下,有目的、有计划地开展相关教育科学研究打下较为扎实的基础。其次,教育科研要引导教师基于实际,就研究的问题进行全面、系统的调查研究,获取较丰富的实践资料,获取一定的实践经验,形成一系列行之有效的举措、策略。最后,教育科研要有利于提高教师对客观规律认识的深度和周全程度,提高教师的理论修养和理论水平,从而使教师逐步从教书匠向教育家转变。学校每学年通过有组织、有目的、有计划的专家报告、专题培训、团队研修、撰写教育案例、论文评比等活动,营造了良好的科研氛围,培养了一批科研骨干,形成了良性上升的教师层级梯队。

三、坚持为教育改革的推动服务

新时代,教育改革进入一个全新的阶段,学校作为教育改革推进的主要实践基地,对所处时代发展背景必须深入、细致地分析及研判,对学校办学思想、办学理念和办学目标必须深入、前瞻性地探讨和明晰,对教育、教学策略、方法进行科学、适切的可操作性研究与实践,才能更加明确学校所处的历史方位和肩负的时代使命,准确定位学校的发展方向与目标。从"一期课改"到"二期课改",再到新课程、新教材、新高考改革,学校始终基于"成才教育"思想,以教育科研为抓手,探索形成与时俱进的办学理念,并确定学校具有统领性的大课题及其系列子课题,通过研究与实践,取得成效成果,并转化为进一步深化研究的理论依据、实践经验和方法举措,推动学校教育改革,促进学校发展;学校也从一所普通完中上升为区属重点中学,进而又被评为上海市实验性示范性高中和全国百强特色高中。

第二节 优化教育科研的工作策略

教育科研既是学校明确发展蓝图的基本前提，也是学校制定各项工作指南的重要手段。教育科研项目的选择、长效课题的挖掘、办学新增长点的探寻等，都需要进行科学的、有策略的研究。在具体的教育科研实践工作中，能否建设良好的工作策略体系是保障学校"成才教育"思想于教育科研工作具体落实的关键步骤，也是确保"成才教育"思想是否能够在教育科研中完善践行的基本要素[①]。类似于"全景式课程"体系在课程育人中的最优化策略，学校也在逐步探索教育科研工作的优化结构，并以此建立了三个"关注"的实践标准。

一、关注前沿信息，课题研究凸显形势需要

学校始终坚持对教育热点和前沿信息进行探索与研究。教育热点和前沿信息是教育改革和发展趋势的直接呈现，脱离了对此的关注，教育科研必然在老旧的范畴内反复折腾，很难具备全新的价值与意义。办学者要有相当敏锐的嗅觉与判断力，尽可能捕捉教育改革的趋势与动向，来调整学校发展的蓝图。早在20世纪末，针对当时高考录取率低等多种因素对教育的影响，学校围绕"普通高中职业预备教育的整合与开发研究"这一主线，建设性地开展了在高中阶段实施"职业预备教育"的课题研究，组织编撰了《程序设计入门》等一大批职业预备教育的材料和读本，同时率先在全市开设研究型课程，自主开发了国内第一个研究型课程学习平台——"六十中学研究性学习支持网"，包含了涉及各个学科或学

---

① 成洁. 课题群：助推职业学校教育科研高质量发展[J]. 江苏教育研究，2023，547(07)：44-47.

科交叉的60余条研究方向，成为当时办学一大亮点。

伴随着上海的高考改革，学校从2013年开始，着手进行了一系列的课题研究。2014年的"基于平板电脑的高中翻转课堂的实践研究"、2015年的"基于翻转课堂的高中选择性学习的实践研究"、2016年的"新高考背景下的科目选择体验学习的实践研究"连续三年被立项为区级重点课题。这些研究课题，关注了最前沿的科研信息，在研究中，物理、化学、生物、地理、历史、政治六门学科的课题组成员，认真制定了新高考选择科目的教学设计，制作了一定数量的自主学习资料，建设了适合学生自主学习的教学与课堂活动设计资源库，取得了有价值的研究成果。

2017年，随着新的课程标准的颁布，学校在全面总结和梳理了"全景式课程"建设方面经验的基础上，立足"全景式课程"中的"1＋X"课程群的建设，申报的"在'全景式课程'中建设'1＋X'课程群的实践研究"被立项为2018年上海市教育科研项目，再一次推动了学校的课程改革。

2021年，在"双新"全面实施的背景下，为引导学生对处在"百年未有之大变局"背景下的当代中国国情有清晰的认识，自觉传承红色文化，学校对极具特色的传统校本德育课程"红色堡垒"建设的情况进行了梳理，申报了"移动红色书院德育校本课程实践研究"，被立项为区级重点课题。

教育科研不是摸着石头过河，是在敏锐捕捉和正确判断的基础上，进行深入的科学研究与实践，学校多年办学实践和成果，充分印证了这一点。

二、关注学校实际，课题研究服务师生成长

教育科研离不开对教育形势的正确理解判断，更离不开学校实际的需求；同样，教育科研离不开校长的高瞻远瞩，更离不开教师的积极参与。只有立足学校实际的、教师广泛参与进行的教育科研，才有肥沃的土壤，才能结出硕果。

20世纪90年代初，学校结合本校实际，提出了"成才教育"的思想，推进基础教育的全面改革，在30多年的研究实践中，学校的教育始终扎根于学校变革的实际，紧扣师生成长的需求，形成了围绕"成才教育"的长课题。

1999年、2004年，"成才教育研究""普通高中成才意识的培养研究"相继被

立项为上海市教育科研课题。其间,学校先后成为上海市一期二期课程改革的实验基地,办学理念从初期的"不求人人升学,但求人人成才",到"一切为了学生成才"。在这个过程中,正是因为立足实际和教师需求,一大批教师也得以迅速成长、成才。

2009年,在对"成才教育"全面研究的基础上,学校课题"推进成才教育的实践研究"被立项为当年的教育部全国重点课题,标志着"成才教育"思想研究上升到新的高度。研究成果论著《成才教育再实践》《成才教育新探索》于2014年、2016年相继正式出版,超过60%以上的教师参与该课题研究,并发表了一批高质量的论文。

"十三五"期间,在区教育局国家级课题"深化教育个性化:发达城区提升学生核心素养的实践性循证研究"引领下,学校申报了子课题"指向高中学生学科核心素养提升的个性化教学实施策略研究",该课题对学校个性化教学模式进行了研究、整理和提升,凝练了以学习为中心的"三问"教学法,要求教师在教学实施中思考"教学三问",所有学科教研组均投入课题研究实践中,2020年12月,该课题的研究成果获上海市静安区第一届教育科学研究成果一等奖,论著《"三问"教学法 深度学习的聚焦》正式出版;教师在研究过程中收获了既有共性又独具特色的教学主张,超过50%的学科教师积极参与,教育科研氛围空前高涨。

三、关注成果转化,课题研究推动学校发展

教育科研对于办学而言,最重要的是进行科研成果的转化,而不是仅仅让结论停留在纸面上。如何围绕学校的长课题和支撑学校发展的项目开展研究,应用于实际,并在实际工作中再次发现问题,不断地进行动态的调整,进而衍生出新的发展思路,是办学者需要充分考虑的问题。实践中,坚持反思与总结并重,内涵创新与实践转化并进,才能够使得教育科研成为推动学校发展的源动力[1]。

多年来,学校不断总结长课题的研究成果,关注成果转化,并在此基础上,不断探索新的理念和实践方略,衍生出一大批新的核心实验项目。目前,学校的核

---

[1] 杨向红. 对学校教育科研价值的再认识[J]. 江苏教育,2021,1471(44):33-35.

心实验项目是以"让每个人全面而有个性地发展"为指引,以"学生面向未来社会胜任力培养"为主题,分四个维度展开:一是基于学科核心素养培养的"学科延伸课程","学科延伸课程"以学科核心素养为依据,以学生的学习水平为基础,以学生的学习力、实践力培养为目标,以多元化、分层次、重体验、重实践为原则,依照学生的实际情况及发展规律,将课程的内容进行统整分类,形成横向分层,纵向多元的丰富内容。"学科延伸课程"基于各学科本质,明确学生学习该课程后应达成的学科核心素养,彰显了学科独特的育人价值。二是基于理想信念培养的"移动红色书院"课程,以习近平新时代中国特色社会主义思想为引领,在充分挖掘学校丰富的红色资源的基础上,融合高校、社科研究机构和场馆的红色资源,通过"课内课外、校内校外、线上线下"红色学习空间建设,为学生提供传承红色基因、厚植红色底蕴的丰富课程选择与红色文化学习场域,为学生成为德智体美劳全面发展的社会主义建设者和接班人奠基。三是基于学生生涯发展的"劳动赋能生涯成长"课程,高中阶段是学生生涯发展的关键时期,是个性形成、学业发展和人生抉择的重要阶段,因此对学生进行劳动教育,帮助其树立正确的劳动价值观,才能帮助学生更好地面向未来,成为社会主义建设者和接班人。基于学生生涯发展的需要和国家政策的要求,学校开展劳动教育课程,目的在于引导学生在面向真实的生活世界和职业世界的基础上实践创新,获得有积极意义的体验,理解劳动的创造价值,成为具有劳动自立意识和主动服务他人、服务社会的情怀的现代公民。四是基于创新素质培养的"PhD"课程,PhD 为 Doctor of Philosophy"博士学位"的英文缩写,而作为学校的一个特色课程,具体指的是:依托创新空间与课程,融合跨学科学习方式,实践创新育人模式,为学生养成全面人格,培育科创能力,提升人文底蕴,拓宽国际视野而量身定制的"肇和博士培养计划",使其成为孕育并发展学生科学精神、人文素养、创新能力、国际视野的精神家园。

第三节 完善教育科研的保障措施

良好的保障机制是学校教育科研工作能够有效实施和发展的前提。建立良好的教育科研保障措施,尊重从事学校教育科研工作的学校教职员工的基本权利,符合"成才教育"思想下以人为本的精神理念[①]。学校教育科研推进的力度和取得的成效,很大程度取决于校长室的态度和支持力度,在深入推进教育科研工作时,学校整体科研氛围的营造、有序高效的教育科研工作机制的建立、科研骨干队伍的培养等,都是必不可少的保障要素[②]。在工作推进不断探索和实践中,学校在"成才教育"思想指导下,推出三个"注重"的教育科研保障措施。

一、注重科研氛围的营造

科研氛围体现了教师对教育改革和学校发展的共同价值取向,是全体教师在共同开展教育科研活动中营造出来的一种教育观念、制度架构和精神状态。科研氛围营造的目的,是要让教师参与教育科研成为因职业内在需求的主动自觉行为,而较少外在压力或个人功利成分[③]。氛围的营造需要有效的活动来推进,长期以来,学校通过组织校内外的各类学术研讨会、学术报告会、经验交流会、成果报告会等活动,使教师广泛地参与科研活动,使教师开阔眼界、接受熏陶、提高能力;同时学校还通过组织优秀科研论文、成果等评选活动,使教师收获

[①] 杨会萍. 中小学教师教育科研开展的保障性策略研究[J]. 教学与管理,2015,622(09):74-76.
[②] 何光辉. 简论建立中小学教育科研保障和激励机制[J]. 教学与管理,2000(07):37-38.
[③] 吴增强. 论学校科研文化建设[J]. 中国教育学刊,2006(01):36-38+48.

成长的喜悦和精神的滋养。

二、注重工作机制的构建

作为学校工作中重要的一环,学校应该完善和落实层级式科研管理网络,明确各层级的科研责任[①]。校长室对学校教育科研课题与项目进行顶层设计,建立科研管理制度,指导和督促科研处等中层部门按照既定目标做好相关工作,定期检查、总结、调整。学校科研处建立并完善学校科研档案,内容包括：工作计划和总结,科研活动、讲座、培训等的材料和记录,学校各级各类课题立项申请书、实施方案、过程性资料、阶段性总结和结题报告、相关成果和论文、专家鉴定意见,对教师进行科研考核的制度和材料,等等。

同时,学校明确并强化科研部门的职责。指导科研处重视自身建设,并围绕学校改革和发展目标,承担起相应的职责[②]。一是研究职责,结合实际开展相应的理论研究和课题开发研究;二是服务职责,为学校管理决策和师生发展提供情报分析、信息咨询、课题指导、总结推广教科研成果等服务工作;三是管理职责,理顺并完善学校层级式科研管理网络,对市、区、校三级科研课题实施系统而规范的管理,包括科研资料、研究过程、科研成果等;四是培训职责,通过组织培训,促进教师掌握和运用教育科研的理论和方法,提高教师科研意识和能力,从而提高教育教学水平。

三、注重科研能力的提升

学校发展需要科研创新,科研创新离不开教师探索实践。在实践中,既要让广大教师有"愿意做科研"的内驱力的激励,也要有教师"能够做科研"的具体帮助与指导。学校从各个环节去鼓励教师、提升教师。近年,学校建立了教师从招

---

① 吴楚杰,吴伟昌. "新课标"背景下中学教师激励机制研究[J]. 无锡教育学院学报,2005(02)：83-85+91.
② 邓李梅. 论新课程背景下中学教育科研发展的机制创新[J]. 湖北理工学院学报(人文社会科学版),2013,30(01)：84-86.

聘、培训到任用、评价的人力资源管理工作体系,在此基础上,努力做好对教师发展规划的顶层设计,以教育科研创新实践引领教师专业发展的方向与路径,鼓励教师基于日常教学的问题,开展探索实践,并通过各种校本研训和展示平台,帮助教师总结、提炼、应用、推广研究成果,助推教师专业成长。

从"成才教育"思想的发展历程中可以发现,学校的办学特色就是教育科研的特色,特色形成于探索和研究的过程中,而这个过程是不可能仅仅依靠专家或者学者来完成的,只有依靠本校师生的实践探索,明确教师进行教育科研的方向,充分发挥本校科研骨干作用,立足学校已有的基础并创新发展,才能使教育科研形成整体成果,显示其价值,逐步深化学校的办学实践并形成办学特色,推进学校整体发展。而唯有真正以人为本、以学生为主体、以促进学生成长发展为目标的教育科研成果,才能够真实地在一线的学校教育工作中得以贯彻落实和持续发展[①]。

---

① 陈国祥. 发展良性循环的教育科研生态:中学教育科研管理的实践与思考[J]. 上海教育科研,2012,300(06):25-27.

第八章 基于『成才教育』的办学展望

回顾"六十"的"昨天",流转的岁月如一曲跌宕起伏的教育乐章,如一幅灿烂恢宏的历史画卷,是数代"六十人"用真诚谱就,用智慧绘成。

　　立足"六十"的"今天",沧桑与凯歌同奏,耕耘与收获共行,立德树人的初心不变,锐意进取的信心依旧。

　　展望"六十"的"明天",学校将遵循党和国家教育方针,凝心聚力,开拓创新。为学生未来"成人、成才"奠基是我们的方向,打造面向未来的教师团队是我们的底气,建设合力育人的教育生态是我们的坚守,从而擦亮新时代"成才教育"的学校名片。

　　面向未来,继承与发展并重,机遇与挑战并存,我们将再创辉煌!

第一节 擦亮"成才教育"的品牌成色

进一步传承并弘扬"成才教育"思想,以发展规划引领学校发展,以实验项目助推学校发展,让"成才教育"这张特色名片熠熠生辉。

一、"成才教育"体现时代高度

"成才教育"的产生,是时代的产物,而"成才教育"的发展,更要体现时代高度。搭准时代脉搏,紧跟时代步伐,用时代要求提高"成才教育"的成色,这是发展之需。

要将时代元素、时代特征、时代要求,更加融入"成才教育",用时代的尺度丈量"成才教育"的高度。要加强顶层设计,明晰"成才教育"的思想内涵、发展定位和系统架构,将"成才教育"拓展到学校文化建设的战略思考中。

在数十年的学校"成才教育"发展历程中,学校基于顶层设计的思路,逐步搭建相应建设体系及其合理运作机制。"成才教育"在具体的落实工作中逐渐从学校的一项育人项目演变为影响学校全面育人工作的指导思想之一,并逐渐成为学校在中等教育领域教科研发展颇具代表性的研究特色成果,彰显了融入学校全面发展规划中的重要性与价值。"成才教育"思想文化体系,努力建设以学生为主体、以助力学生发展为导向的学校文化氛围,营造高中学校文化教育风向,打造"实施科教兴国战略,强化现代化建设人才支撑"战略落实的学校文化教育场所。

党的二十大报告明确指出:教育是国之大计、党之大计,要坚持教育优先发展,建设教育强国,坚持为党育人,为国育才,全面提高人才自主培养质量。着力造就拔尖创新人才,聚天下英才而用之①。报告充分肯定了教育在社会主义现代化强国建设和中华民族伟大复兴征程中的重要使命。在这样的时代使命下,"成才教育"的学校文化建设正是以高中教育为落点,贯彻与实践青少年未来人才培养工作的时代答卷,也是引导全校教师重视人才培养思想理念、以育才塑才落实具体教育教学工作的职业理念,树立学生以成人成才为己任、努力学习逐步成长为德智体美劳全面发展的社会主义建设者和接班人的价值观②。

学校将在未来不断发展过程中,瞄准时代育人的走向,进一步将"成才教育"思想融入学校战略发展的主体思想与根本战略,紧紧围绕"成才教育"思想创建和开展学校各项具体育人工作,真正实现学校国家课程教学工作的育人成才目标落实,充分结合学校与社会优质教育资源,打造尊重每一位学生个性化发展需要的课程平台与教学活动体系。加强学校师德师风建设,培养高素质教师队伍,努力创建高水平、高质量、懂学生、爱学生的学校学科教师团队,将育人成才的奋斗目标深入每一位学校教师的职业理念,并形成具体的职业评价机制。努力塑造学校"成才教育"校园环境,让学生接触、理解、感悟、认同自身成才发展,努力学习奋斗,结合自身所长,专注现代化能力发展与社会技能培养,并立志成为中国社会主义现代化发展的建设者与接班人。

二、"成才教育"提升办学厚度

"成才教育",既是办学实践的结晶,也是办学高度的标尺。围绕优质办学,"成才教育"要迸发提升办学厚度的引擎作用。

要以办学优质为标准,完善基于"成才教育"思想的办学特色的表述,确立统领学校发展的实验性、示范性项目,努力形成稳定的教育追求、学术气质、制度架构、管理风格和资源配置,以提升办学厚度。

学校"成才教育"思想的传承与弘扬,其核心在于以具有"成才教育"特色的办学内容为载体,打造具有鲜明特征元素与丰硕育人成效的学校办学特色体系。

---

① 陈劲,王璐瑶. 新时代中国科教兴国战略论纲[J]. 改革,2019,304(06):32-40.
② 张释元,谢翌,邱霞燕. 学校文化建设:从"器物本位"到"意义本位"[J]. 教育发展研究,2015,35(06):14-19.

能否结合"成才教育"的人才培养内核,在高中学校教育体系中纳入具体的教育内容,则成为学校未来重点改革发展的新落点。"成才教育"办学的成效在于是否能够助力学生具备成长为未来社会人才的潜力,其核心在于打造具有完善知识储备、掌握良好学科理论视野与实践技能、身怀多领域内综合发展的专业化素养、具备新时代科学素养与社会主义核心价值观的未来社会胜任力[①]。

在这一基础上,学校将进一步围绕学校现有课程育人体系,在以国家学科课程教学为核心任务的基础上,进一步建设科学化、综合化、实践化的学校教育教学特色内容体系。学校将进一步以高质量的国家课程教学为抓手,大力提升在校学生知识储备质量、深度与广度;以科学创设和发展学科延伸修习类特色元素课程教学为落点,结合学校现有社会实践资源,科学提升学生良好的学科理论视野与实践技能;以结合上海市科学技术社会资源,深度打造"肇和"博士滋养教学活动为策略,针对化培养学生多领域内综合发展的专业化创新素养;以依托上海市优秀红色教育社会资源,沉浸式建设学校红色文化教育教学课程体系为办法,长效性磨炼学生新时代科学素养与社会主义核心价值观的发展。此外,在这些高水平、专业化、特色化的教学活动基础上,学校将进一步探索一系列着力于学生品格锻造、素养发展、能力提高,具有鲜明主体和丰富内涵的"成才教育"实验项目,项目将在现有学校特色办学内容的基础上进行有机串联,塑造一至两项统领学校发展的实验性、示范性特色育人项目,深化落实学校以未来人才培养为己任的教育追求与学术气质,并搭建相应制度架构、管理风格和资源配置,稳步保障学校"成才教育"办学特色的长期发展,为学校"成才教育"思想的弘扬与推广提供有力支柱。

三、"成才教育"提高课程效度

课程,在实施"成才教育"中具有生长性、提高性、前瞻性,在学生成人成才中占有重要的地位。

学校创设的"全景式课程"体系,为学生成才提供了主要资源,发挥了课程育

---

① 张驰,王燕. 习近平关于新时代青年成长成才教育观要论[J]. 湖北社会科学,2018,382(10): 165-170.

人的功能。

面对"成才教育"的深化，必须在课程建设上更有作为，更好地体现课程的针对性、实效性、长效性。

要从立足学生成基础之才、成特色之才、成栋梁之材的维度，对"全景式课程"进行对路的系统建设，强化课程对成才意识点拨、成才思维建构、成才能力建树、成才方法习得的功能，通过对"成才教育"内涵的挖掘和外延的拓展，实现课程效度的宽度、厚度和深度。

要从学生全面发展和长远发展的角度，将成才的效应放大，将成才的时空扩大，将成才的作用拉长，将"成才教育"的影响力、引导力、迸发力体现在"全景式课程"的体系中和教育教学的过程中。

要从成才跨学科、跨行业、跨时空的维度，注重"全景式课程"的匹配度，将成才从一种专门人才向全息性人才转型，以适应未来对人才的需求。

第二节 提升"成才教育"的奠基价值

"成才教育",是为基础奠基,也是为成长奠基,更是为发展奠基。

高中教育的出发点与归宿都在于学生的发展,高中阶段的"成才教育",其实质是为学生未来成为国家栋梁之材打下坚实基础的教育。而学生内在、自发的学习、发展、成长意识与动力机制,是学校一切教育教学工作的基础,也是优秀的教师队伍、丰富的课程资源、良好的管理机制、现代化教育设施等一切支持系统得以发挥作用的前提。

一、加快学生从"自然人"向"社会人"的转变

要基于高中学生的发展特质,帮助学生完成"社会化"和"人的发展"命题。

以学生为主体是"成才教育"思想的核心价值体现,如何尊重青少年身心发展规律和性格特点,针对性地因材施教,是高中学段助力学生未来成人成才的重要教育路径。对于"成才教育"发展战略而言,深度挖掘高中学生发展特质,建设现代化的教育教学工作体系,助力学生成长发展,实现其"成人化"与"社会化"的最终目标,是学校成才教育工作深度发展的具体策略之一。

高中学段的学生大多处在15～18岁的青少年时期,这一阶段的学生在身体机能与素质上逐渐达到成人水平,然而与之不太协调之处则在于其心理认知仍然处于青春期时期的不成熟、不稳定状态。这一时期的青少年往往在心理发展上存在情绪敏锐波动较大的动荡性、自我意识显著增强的自主性和独立性、强烈憧憬未来和敢于开拓创新的前瞻性和进取性,以及既不愿意直白表露心扉又渴望融入社会的闭锁性和社会性。这些特质既对高中学生的教育教学工作实施带

来了挑战,也为引导学生建立自主人格、塑造学习自主意识和健康向上的价值观念、培养面向未来社会的正确价值理念提供了良好关键的时机①。

在对高中学生身心发展特质的深刻认识基础上,学校将进一步以"成才教育"学校文化为抓手,以浓厚的社会人才培养校园氛围和多元化情境式的育人课程体系助力高中学生实现从"自然人"向"社会人"的转变,以提高学生适应社会的能力。对于未来的高中教学而言,面对更复杂化的社会情景与飞速变革的科技水平,唯有塑造和提升学生的"终身学习力"和"自主发展人格",才能够长效性地保障学生在未来的不断生存和发展中适应时代的发展。而如何在不断探索中富有针对性地搭建并完善相应的学校育人课程体系实现上述的目标,则成为学校在育人工作中渴望突破的关键。

二、加快学生从"广义"成才向"多元"成才的转型

要探索高中生生涯辅导的途径与方法,让学生接受更为全面的生涯教育,引导学生完善"成才"意识,探索适切的"成才"之路。

"成才教育"发展的核心目标在于培养适应未来社会发展的人才。对于学生而言,能够成为这样的人才不仅要在不断学习发展中掌握适应与融入社会的能力和品格,更要具备能够推动社会发展、助力社会进步的专业化素养。这样的专业化素养,其本质在于尊重学生的个性化发展需要和挖掘学生的学习成长潜能,让每一个学生找到既是自己所长所爱,又能够融入未来社会发展的职业路径②。

在这样的教育背景下,2020年8月,我校对在校205名学生进行了高中生生涯发展需求调查。调查显示,学生遇到的普遍困扰是"没有机会接触心仪的职业领域,每天只是沉浸在学习里,忙得没时间思考""不知道什么专业以后可以做什么工作""没有明确的目标"(关键词分析详情见图8.2.1)。

---

① 房立艳,张大均,武丽丽,等. 中学生心理素质的类别特征:基于个体中心的潜在类别分析[J]. 心理与行为研究,2017,15(01):20-25.
② 陈宇娜. 普通高中实施生涯规划教育的现状分析及其对策研究[D]. 西安:陕西师范大学,2019.

图 8.2.1 我校高中生生涯困扰关键词分析

从学生需要的生涯辅导的内容来看(图 8.2.2),大部分学生对生涯辅导的需求聚焦在"职业探索"(60%)和"自我探索"(59.02%)及"生涯规划"(54.15%)三个方面,可见学生有着明确的生涯辅导动机及需求。

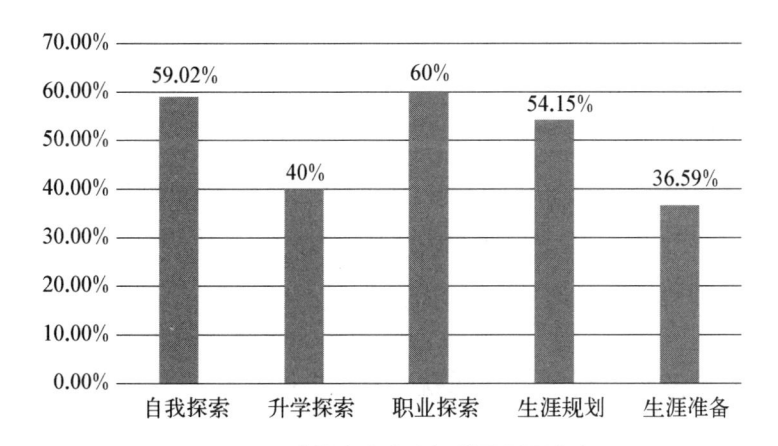

图 8.2.2 我校高中生生涯辅导需要内容

从学生希望的生涯辅导形式来看(图 8.2.3),52.2%的学生希望以一对一的个体辅导形式开展。

由此可见,学生有强烈的成长需求,而"全员导师制"更能满足当下学生的成

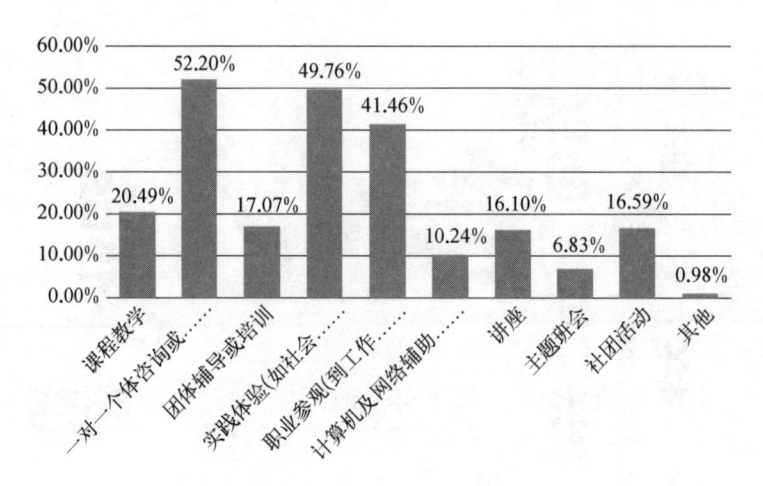

图 8.2.3 学生希望的生涯辅导形式

长需要。而对于高中学校而言,为学生专门化职业路径的探索与选择提供有力的引导和支持,成为"成才教育"思想科学发展的重要路径之一。学校将进一步以现有生涯教育模式为支点,在现有高水平教师队伍的支持下,逐步建立以"导师制"为基础的学校心理健康教育机制。为每一位在校学生配备生涯导师,将教师的引导教育作用予以真正落实,从而让每一位学生在成长中得到正向的引导和全面的保障。"导师制"既让学生在人生发展的最关键阶段获得了全面而富足的身心发展保障,也能够使其在生涯导师不断引领中认识自我,找到人生的价值与奋斗的愿景。

加快学生从"广义"成才向"多元"成才的转型,其实就是一般的成才观念走向更为精准的成才观念。社会是多元的,才华是多方面的,多元成才符合当今时代和社会的需求。

三、加快学生从"成才"向成就"幸福"的转化

"成才教育"在强化成才意识的同时,必须避免为成才而成才的单一化,学校引导学生成才不是办学的最终目的。

成才,是为了自我完善和成就,是为了国家的兴旺和发达,是为了民族振兴和屹立,说到底是要通过自身技能性的创造,为个人幸福、集体幸福、国家幸福、

甚至世界幸福、人类幸福添砖加瓦。

因此,"成才教育"中的幸福因子应当被更好地激活。要让学生明白:成才的最大化表现为幸福的缔造力,成才是为幸福而来,才为福所用,才是才的用途和价值。

第三节　壮大"成才教育"的师资水准

"成才教育"的主力是教师,"成才教育"的威力在教师,"成才教育"的伟力看教师。

面对高度融合的世界,教师的功能早已不局限于将前人已经整理好的文化遗产传递给学生,教师除了本身必须拥有专业知识以外,还必须具备将新的知识、信息等进行吸收、重构、再现的能力。在世界面临百年未有之大变局的今天,作为教师,肩负培养德智体美劳全面发展的社会主义建设者和接班人的重任,应当努力使自己成为党执政的坚定支持者、先进思想文化的传播者、学生健康成长的指导者[①]。

一、加强完成立德树人根本任务的自觉和功能储备

要聚焦立德树人根本任务,明晰面向未来的教师应当具备的素养和能力。

高水平的教师团队,既是支持学校不断积极进取的发展基础,也是保障学校在未来发展的道路中得以长期奋斗的坚实力量。面对愈加复杂的社会发展局面、高度分化的社会人才需求格局及多元文化融合发展的社会时代格局背景,教师的社会身份角色和职业使命已经从原先以知识传播为核心的传统定位逐渐转型以品德塑造、价值引导、思维建设、能力培养等一系列现代化育人工作内容为主体的现代化职业。

在这样的时代背景下,学校深刻意识到提升教师专业化能力发展的重要性

---

① 荀渊. 未来教师的角色与素养[J]. 人民教育,2019,No.810(12):36-40.

与价值。学校坚持教师培养应以德为先,德才兼备;塑造以提高教师思想政治素质和职业道德水平为基础,以"为党育人、为国育才"的思想植根于教师职业理想的核心,以践行"立德树人"的根本任务贯穿教师职业发展全过程的教师培养精神内核。对于未来的教师而言,能够给学生传递的知识储备不再是教师的核心价值,而明晰如何引导学生发展、树立学生成长榜样与发展路径、提供给学生成人成才道路上的必要保障和发展空间、保证学生多元能力发展和社会道德与价值观的统一结合,将成为未来教师核心竞争力[①]。学校将进一步建设教师职业发展与培训体系,深度分析教师应当具备的职业境界、国际视野和专业能力,打造一批不断进步和发展、具有崇高职业理想道德和扎实教育教研功底的研教型学科教师。

二、形成有效持续的教师培养助推机制和学术风范

要建立有效的、可持续的教师培养和助推机制,破解教师高位发展后的瓶颈问题。

教师培训发展与教师职业需求的不均衡状态,是影响教师队伍职业发展水平和参与培训活动积极性的现实瓶颈问题。学校拟努力研究探寻真正助力于教师职业发展的动力机制和培养机制。学校将坚持定期开展教师职业发展需求调研工作,深入了解教师在一线教育教学工作中所面临的待解决的、在现实职业发展中所面对的感到困惑的现实问题所在,并将其纳入教师培训需要助教师解决的培训核心目标当中。坚持教师专业化培训发展的问题导向性研究,坚持从实际问题出发、以实际解决问题为教学内容、以实际问题解决情况为培训质量评价标准的教师培训实施模式的建设。

除了常规必要的教师专业化培训内容外,学校将在现有学科教师团队、师徒制新教师专业成长帮扶模式的基础上,进一步整合相关资源,建设以学校为主体的教师专业成长的科学模式。模式旨在通过科学化的教师教育策略方法、即时有效的教师专业发展帮扶政策、多元多维的教师专业成长空间路径,深层次地激

---

① 单从凯. 未来教师的角色与素养[J]. 中国远程教育,2014,456(01):10-11.

发和增强教师教书育人的内生动力。让教师愿意提出发展需求,让教师专业发展需求得到及时有效的满足,让教师专业发展的成果得以转化与运用,让教师参与专业发展的时间和精力得以有效回报,真正实现建立有效的、可持续的教师培养学校内生动力循环①。

"成才教育"是一门科学,教师在实施中必须有学识和学术。学识是基础,学术是进阶。扩大学术化的教师队伍,是"成才教育"擦亮品牌成色的重要方面。要从战略眼光和战术策略,提升教师的学术意识、学术素养、学术境界,以实现学术的师资化、群体化。

---

① 吴支奎,邹秀秀. 新时代教师的社会素养及其培育[J]. 教育科学研究,2021,317(08):86-90.

第四节 营造"成才教育"的良好生态

"成才教育"的成效,需要良好的生态环境和肥沃的土壤。

教育的外延已经扩展到社会生活的方方面面,学校、家庭、社会合力育人,已经成为社会共识。树立"开放办学"的思想,不仅关注学校内部的运作,也重视学校与家长、社会各界的互动,完善基于学校共治的资源共享机制。

一、建立家校社一体的育人共同体建设

科学探究家庭、社区、高校、企事业单位、科研机构等在高中学校发展中的作用。

未来的教育生态发展注定了高中在学生的教育工作中不再承担着唯一的教育角色,建设以学校为主体、以各类社会生态资源为助力的多元化教育生态系统将成为现代化中小学教育教学工作开展实施的主流形式。在这一思想下,学校将以"成才教育"思想为指导,以助力学生成人成才为目标,结合学校所在地区丰富社会教育资源,深度探究以学校为主体,联合家庭、社区、高校、企事业单位、科研机构等具体教育要素单位为支撑的学校教育内在机制和策略方法[①]。

"成才教育"思想下的学校教育生态系统发展是基于学生成人成才为目标导向的,这使得学校、家庭、社会在合力育人工作上存在着高度的目标统一性:学校需要承担培养学生成人成才的主体工作任务,家庭希望子女能够通过接受教育以便获得发展并投身至未来的现实工作岗位,社会需要接纳家庭和学校培养出的各类人才并以此维持整体的有机运转。然而,在现有的学校教育工作实施

---

① 王捷. 研究性学习的社会教育资源开发[J]. 上海教育科研,2001(05): 15-17+34.

中,缺乏高水平理论的指导和实践经验总结,使得三者之间的育人工作整合难以得到有机的统一,从而造成育人工作浮于表面、流于形式、效果不佳的现实困境。如何深度整理和总结学校、家庭、社会合力育人的内在关系和具体策略,成为学校教育教学工作进一步发展的关键突破点。

二、 构建教育元素和育人要素融合的智慧教育生态系统

要构建由学生、教师、家长,课堂、校园、社区等要素共同构成的智慧教育生态系统。除了对学校、家庭、社会合力育人机制的深入探索外,对来自各方的教育资源的有机整合成为实现在当下和未来的高中教育中落实"成才教育"思想的重点策略。学校、家庭、社会等多个教育单位要素之间的关系并非两两对应的简单线性关系,而是对相辅相成、多维关联的育人整体间错综复杂关系的整理。学校将以当下学校各项育人主题课程与活动为基础,进一步尝试探索由多元要素建构而成的智慧教育生态系统联系,从而搭建多条、多维的学生成才发展的需求策略①。

如学校结合自身生涯导师制育人项目,搭建了一系列家校合力育人的教育活动项目,如下表所示。

家庭生涯教育活动计划

1. 面向全体家长

计划时间	活 动 主 题
学期中	(1) 新高考政策解读及多元升学路径 通过解析区域考情,解读高考选拔中的多元录取趋势,详细介绍并对比分析自主招生、综合评价等多种升学政策,帮助家长判断选择最适合自己子女的升学途径。
学期末	(2) 认知孩子优势及选科指导 工具使用:在活动前完成全体高一学生的线上测评。家长可通过关联账号登录查看子女的测评报告。活动中将根据测评结果深度解析,讲解选科方法。

---

① 郑旭东. 智慧教育2.0:教育信息化2.0视域下的教育新生态——《教育信息化2.0行动计划》解读之二[J]. 远程教育杂志,2018,36(04):11-19.

2. 面向家委会及部分家长

内　容
联合共创讨论会(一次)：请家委会成员、校方负责教师共同参与。针对帮助孩子成长，深度调研分析双方的需求，作为开展后续工作的依据。

3. 家长工作坊主题安排

主　题	内　容　简　介
新高考背景下如何助力高中生的全面发展	通过对学习篇、关系篇、青春篇和生活篇四个方向的介绍，全方位向家长阐述高中解读如何支持孩子更好、更全面发展。
未来世界变化趋势	让家长与学生一起探索未来职业世界变化趋势；帮助家长与学生建立对外部世界的认知。

在智慧教育生态系统建立的过程和基础上，学校将进一步围绕学生成才发展的专业化需求和突破学生在传统校园学习中学习情境局限化的现实问题进行探索性研究，深度探寻建设、发展和灵活运用智慧教育生态系统的科学策略。同时，要进一步提升学校及其教师群体重视校外第二课堂建设工作的重要意识，科学创设以具有代表性的育人单位领导团队建设为主导，以一支能够综合运用和实施智慧教育生态系统的教师队伍为保障的教师智慧发展体系，从而真正实现以学校教育特色化发展的生态系统保障机制，为高中学子适应未来社会生存和发展的成长道路保驾护航[①]。

---

① 钟晓流，宋述强，胡敏，等. 第四次教育革命视域中的智慧教育生态构建[J]. 远程教育杂志，2015，33(04)：34－40.

第五节 研制"成才教育"文化方略

"成才教育"的成熟,需要有文化的建构、文化的依托、文化的呈现,一定的教育是以一定的文化内容和文化方式而得到延续和深化的。

研制以至完成"成才教育"文化方略,是新时代"成才教育"品格化、品质化、品牌化的必由之路。

一、系统梳理和凝练"成才教育"思想体系

"成才教育"的产生和实施已30年,积淀了一些宝贵的财富,形成了好的基础和共识,成为学校办学的灵魂。

面对社会新时代,面对教育新发展,面对师生新成长,"成才教育"要从常识层面、常规层面走向体系、结构层面,系统梳理和凝练"成才教育"思想体系,不仅成为特需,而且成为刚需,这是应时、应地、应事的发展之策。

努力要走好,理论先走远。

要给"成才教育"以更有力的"正明":从口号感召变成理性感化,必须从感性到理性,从形象到内核。"成才教育",不是仅有口号的"油菜花",而是极有根基的"大榕树",要从理性的高度,给"成才教育"的时代说法、权威命名。

要给"成才教育"以更有理的"证明":从想当然变成有必然,必须从感觉到理论,从触觉到肌理。"成才教育"的根基是有教育的底蕴,"成才教育"的源头是有理论的支撑。要从理论的力度,给"成才教育"的内涵鉴定、专业提名。

因此,对"成才教育"的思想体系、内在肌理、循环系统进行具有文化特性的界定,是"成才教育"内生性的主观需求,也是"成才教育"生发性的能动追求,现

在时机已成熟。

二、形成系统化和结构化的"成才教育"文化文本

目前学校发展正从良好形态转向文化形态,从达标要求走向品质培育,从零星火花转向系统架构,从大一统走向个性化,而"文化立校"的重大标志是学校拥有独特的"文化方略"。

"成才教育"文化方略,是对学校文化的系统化、结构化、文本化的呈现,是学校走向教育现代化、形象优质化、感受幸福化的旗帜,也是引领学校深度发展、持续发展、内涵发展的纲领。

"文化方略",是全校师生的思想宝库、价值判断、行为指南,在形成共识的基础上,成为提升办学水平的法则,成为精准育人的细则,成为"教育人"的守则。

"文化方略"的精到在于,寻觅学校沿革中的历史脉络,梳理发展过程中的精粹所在,提出文化立校下的建设原则;做出独特建树中的文化标志,高质量概括学校文化的内涵,全覆盖涉及学校文化的角落,可持续引领学校发展的走向,深刻的文化内涵和丰富的展开外延。

"成才教育"文化方略的研制和完成,是学校优质办学、特色育人的重中之重,理应抓住时机及时建树。

"成才教育"思想不是一成不变的固化标准,它是随社会变化与学生成长的学习需求不断变革和发展的时代成果。就上海市第六十中学而言,对"成才教育"思想的探索和落实仍然在一线教学工作中不断发展、进步和变革。在一代代"六十人"的坚持与努力下,以"成才教育"思想为代表的一系列重要教育科研成果终将不断指引着一线高中教育在新时代人才培养的道路上不断进步、砥砺前行[①]。

我们是"成才教育"的亲历者、受益者,也是"成才教育"的践行者、创造者。"成才教育",这是永远飘扬在"六十人"心中的一面旗帜!

---

① 吴遵民. 倡导"成才之路"还是培养"合格公民":兼评国家中长期教育改革和发展规划纲要的核心理念[J]. 现代远程教育研究,2010,108(06):9-13.

后　记

2013年8月,我接受组织任命,到上海市第六十中学担任校长。六十中学历史悠久、底蕴深厚,积淀了优良的办学传统,改革开放以来,数代"六十人"自强不息、孜孜追求,形成了自己独特的"成才教育"思想和"改革创新"的办学风格,获得了丰硕的办学成果,赢得了社会的赞誉、家长的信赖和学生的热爱,被评为上海市实验性、示范性高中。

时光如梭,岁月如歌,10年过去了。10年中,带领全体教职员工,传承学校优良办学传统,探索与时俱进的育人理念和办学方略,联系实际办实事,创造性地办新事,在工作中讲团结、讲奉献、讲方法、讲效率,推进学校再发展,是我始终坚持的主要工作。

在国家新一轮教育综合改革的大背景下,我和我的团队弘扬并发展"成才教育"思想,持续完善学校发展的顶层设计,持续构建以高质量实施国家课程、有效开发并实施校本课程为目标的学校"全景式课程"体系,持续开展以"让每个人全面而有个性地发展"为主旨的学生成人成才研究实践,持续开展指向学生"核心素养"培育的教育教学规律研究实践,持续开展以"层级进阶"为特点的教师培养研究实践,各项工作取得了长足的进步。作为上海市实验性、示范性高中,学校正日益凸显特色鲜明、充满活力、和谐发展的办学优势。

总结学校长期以来形成的优秀办学传统,整理学校近十年间教育改革的探索经验,梳理学校一线教师最真实的实践成果,形成较为完整的文字,以期为学校当下与未来持续变革育人方式、培育时代新人提供有价值的参考,也对普通高中教育发展产生些许积极的影响,是我作为校长的责任与初心。

在本书出版之际,由衷感谢静安区教育局领导给予我的关心和指导,由衷感谢静安区教育基金会给予我的支持，由衷感谢学校行政班子各位伙伴给予我的帮助，由衷感谢全校教职工辛勤而富有成效的工作，所有的这些，是我努力前行的动力源泉，是我形成此书的根基所在。

2023年12月，上海市第六十中学将迎来九十华诞。我想说：未来岁月不懈探求的过程，必将是"六十人"凝心聚力、构筑学校可持续发展不竭动力的过程，必将是"成才教育"特色不断凝练、不断深化的过程，必将是六十中学"自强不息、争创一流"校园精神不断升华、不断超越的过程。我们将永远走在改革与创新的征途上追求卓越。

王晓虹

2023.8

图书在版编目(CIP)数据

"直击"成才教育:普通高中育人方式变革实践探索的经与纬/王晓虹著. —上海:文汇出版社,
2023.10
ISBN 978-7-5496-4139-0

Ⅰ.①直… Ⅱ.①王… Ⅲ.①教书育人-教育改革-研究-高中 Ⅳ.①G635.6

中国国家版本馆 CIP 数据核字(2023)第 193769 号

"直击"成才教育
——普通高中育人方式变革实践探索的经与纬

作　　者／王晓虹
责任编辑／张　涛
封面装帧／薛　冰

出 版 人／周伯军
出版发行／文汇出版社
　　　　　上海市威海路755号(邮政编码:200041)
经　　销／全国新华书店
排　　版／南京展望文化发展有限公司
印刷装订／浙江天地海印刷有限公司

版　　次／2023年10月第1版
印　　次／2023年10月第1次印刷
开　　本／787×1092　1/16
字　　数／205千字
印　　张／13.25

ISBN 978-7-5496-4139-0
定　　价／65.00元

·版权所有　侵权必究·